# EDUCATION IN A CHANGING WORLD:

## FLEXIBILITY, SKILLS, AND EMPLOYABILITY

# 适应变化中的世界：

## 教育的灵活性、技能开发与就业能力

王一丹　著

教育科学出版社
·北　京·

*Original English Title*：

Education in a Changing World：Flexibility，Skills，and Employability

By Yidan Wang

# 序一

在18世纪以前欧洲的发达国家人均收入的年均增长仅有0.05%，需要1400年的时间人均收入才能翻一番。18世纪到19世纪中叶人均收入的年均增长提高了20倍，达到了1%，人均收入翻一番的时间缩减为70年。从19世纪中叶到现在人均收入年均增长率又翻了一番，达到2%，人均收入翻一番的时间进一步缩减为35年。18世纪中叶工业革命发生后，技术不断地创新和产业不断地从低附加值的传统部门向高附加值的现代部门的转移是发达国家发生这种翻天覆地变化的根本原因。这些发达国家一方面要有有能力在技术和产业领域进行创新的人才，另一方面要有能够掌握不断创新的技术和适应不断变动的产业需求的劳动群体。适应这种技术和产业快速变动的人才教育和培训成为发达国家经济发展成功的基础。一个发展中国家如果能够充分利用技术创新和产业升级的后发优势，其经济增长的速度可以数倍于发达国家，由此带来的技术和产业变动的速度也会数倍于发达国家。发展中国家如何针对这种特性来设计其教育体系是经济发展成功的最关键因素之一。

王一丹博士积近三十年的思考、研究和在国内外的实践经验，在本书中提出了以灵活性、技能开发和就业能力提升为鼎足来设计教育的思想，并以此为框架来诊断不同发展速度的发展中国家教育的薄弱环节，以改进发展中国家教育的功能，确保发展中国家的新兴劳动力具有经济发展所需要的技能，以帮助发展中国家摆脱贫困的恶性循环并利用全球化和科技变革可能带来的机遇。这是一本对关心中国和其他发展中国家教育和经济发展的人都值得仔细阅读的好书。

林毅夫

**北京大学国家发展研究院荣誉院长、教授**

**世界银行前首席经济学家、高级副行长**

**2013 年 7 月**

# 序二

发展中国家的教育事业如何面对当今世界全球化与科学技术创新引发的经济发展方式转型的挑战，是关系国家生存与发展的突出问题。传统教育理念主导下的教育格局已经远远不适应这种变革的需求，教育的目的与功能问题再次提到了重要的日程上来。UNESCO 总干事伊琳娜·博科娃在 2009 年 11 月世界教育创新峰会上的讲话中指出：21 世纪的教育需要重大创新，这是因为我们的世界正在变得越来越复杂、越来越融合，知识驱动性也越来越强。在这种情形下，我们必须就教育的目的、学习的内容、为什么学习以及如何学习开展批判的、持续的交流和对话。

当以低附加值的廉价劳动力加工业为主的经济发展模式在不同层次的发展中国家梯次下移的过程中，劳动者就业问题也随之渐次突出。生产技术的更新与劳动方式变动的速度之快，已使传统教育模式培养出来的劳动者无法应对。发展中国家在努力参与科学技术变革的大潮以引领世界经济发展的同时，更需要调整教育的结构以培养能够适应快速变革与先进技能需要的劳动者，从而跟上转型期的时代脚步。

作为远景，聚合科技（NBIC）特别是 3D 技术的发展，有可能促使设计和制造向一体化方向推进，但现实问题是普通劳动者如何适应科学技术的发展带来的生产模式和产业形态的持续变革，并在适应的过程中求得生存与发展的空间，这已成为发展中国家面临的严峻挑战。化挑战为机遇，通过人才培养模式的转变创造大批新型劳动者成长的环境，完全有可能产生新的动力，实现经济的跨越式发展。因此，发展中国家教育体系的改革，就成为这一转变的关键。

本书凝聚了王一丹博士多年来的研究成果，其中包括理论思考和实践研究，对发展中国家教育功能的重新定位，提出了具有前瞻性和现实性的见解。其中将灵活性、技能开发和就业能力提升三者作为理念基础和评估尺度，对不同发展速度的发展中国家的教育进行科学的分析，针对薄弱环节，提出改进的方向与策略。其核心是强化现代技能教育对经济发展的适应性，并提高技能性教育在整个教育体系中的地位与作用，提升劳动者的就业能力，以使由于劳动者的不适应造成的发展中国家面临的全球化与科技进步对经济发展带来的困惑得以缓解，并进而抓住机遇，实现经济与社会发展的良性转变。

这本书打开了一扇新的窗口，相信会为中国以及所有经济与教育工作者提供宝贵的启示和借鉴。

**联合国教科文组织协会世界联合会副主席**

**2013 年 7 月**

# 目录

# 作者简介

王一丹博士是世界银行人类发展部资深教育专家。她首创并主持开展了世界银行教育部门职员发展培训项目（Education Staff Development Program）。此前，作为世界银行学院一个工作团队的负责人，她曾创办并组织了一系列新的全球性和区域性的课程，包括《教育发展与竞争力：后基础教育的挑战和机遇》（Education for Development and Competitiveness：Challenges and Opportunities for Post-Basic Education）、《教育的公共和民营部门合作伙伴关系》（Public-Private Partnerships in Education）、《转变高等教育，提高创新能力和竞争力》（Transforming Tertiary Education for Innovation and Competitiveness）。在加入世界银行之前，她曾在亚洲开发银行工作。在此期间，她率先开发了教育和卫生领域的公共部门和民营部门合作伙伴关系项目（public-private partnerships，简称 PPPs），并负责亚行在南亚的项目。她曾经在波黑、吉尔吉斯共和国、日本、菲律宾和中国等国家工作。

王一丹博士曾撰写或与他人合作完成多部著作和文章，如《就业政策要论》（*A Primer on Policies for Jobs*，2012）、《为青年增加机会和培养能力：中等教育的新议程》（*Expanding Opportunities and Building Competencies for Young People*：*A New Agenda for Secondary Education*，2005）、《社会领域的公共和民营部门合作：亚太国家的问题和经验》（*Public-Private Partnerships in the Social*

*Sector*: *Issues and Country Experience in Asia and the Pacific*, 2000）和《中国的经验：通过教育电视提供教师培训》（*The China Experience*: *Providing Teacher Training through Educational Television*, 2000）。

王一丹博士曾在纽约州立大学布法罗分校和哈佛大学做过访问学者，并在北京大学担任客座教授。她还曾任教于中国的东北师范大学和吉林工学院。2000—2003年间，她是国际领导能力协会（International Leadership Association，简称ILA）的理事会成员。她在美国匹兹堡大学获得国际教育和管理博士学位。

# 致谢辞

本书英文版是由世界银行于2012年5月在美国华盛顿出版。中文版的出版得到了北京大学中国教育财政科学研究所王蓉教授及教育科学出版社的大力支持和协助，在此表示衷心的感谢。

作者对世界银行的评审人 Andreas Blom，Alberto Rodriguez，Michel Welmond 所提的宝贵意见致以深切的谢意。作者还要特别感谢世界银行内部和外部的同事对该文章初稿的贡献和建议，尤其是 Jee－Peng Tan，Benoit Millot，Kin Bing Wu，Don Adams，Paul Specter，Lianqin Wang，Xiaoyan Liang，Robert McGough，Linda English，Justine White，Bintao Wang，Helen Abadzi。本书是在世界银行教育局局长 Elizabeth King 和人类发展教育处处长 Robin Horn 的总体指导和支持下完成的。

# 摘要

新技术、全球化、信息革命和劳动力市场的变化以前所未有的广度影响了世界经济。这些变化导致了对技能劳动力需求的增加、世界贸易和人口流动的加速，以及贫富差距的扩大。目前，很多发达国家已经历了出生率下降和老龄人口增加的人口结构的转变。但是，低收入国家仍面临着人口增长幅度不断上升的趋势。例如，从现在到 2050 年，非洲的劳动人口预计会增加 125%，拉丁美洲会增加 26%，亚洲会增加 22%。而与此同时，欧洲的劳动人口将会下降 23%。

在这种情况下，主要的政策挑战是如何确保发展中国家的新兴劳动力具有经济发展所需要的技能，以帮助他们摆脱贫困的恶性循环，并利用全球化和科技变革可能带来的机遇。本书通过分析科技、劳动力市场、人口趋势和移民等变化对教育的需求，找出当前教育体系中的薄弱环节，例如对就学机会的限制、技能与需求的不匹配以及学校和工作岗位的脱节。为有效地应对挑战，笔者认为教育体系应更加灵活和快速地应对变化，从而最大限度地开发人的潜能，用最新的技能装备人才，并为青年就业做好准备。本书特别分析了不同发展和增长阶段的四种类型的国家的教育状况，并提出了每一类国家的发展重点和战略。

# 缩略词

| | |
|---|---|
| CCF | 美国马里兰州的职业集群框架 |
| CTE | 职业科技/技术教育 |
| EQF | 欧洲资格证书框架 |
| EU | 欧盟 |
| GCC | 海湾合作委员会 |
| GDP | 国内生产总值 |
| GER | 毛入学率 |
| GNI | 国民总收入 |
| ICT | 信息与通信技术 |
| ILO | 国际劳工组织 |
| ISET | 突尼斯的技术教育学院 |
| ITE | 新加坡的技术教育学院 |
| ITI | 印度的工业培训学院 |
| KAM | 世界银行的知识评估方法 |

| | |
|---|---|
| NGO | 非政府组织 |
| OECD | 经济合作与发展组织 |
| PISA | 国际学生评价项目 |
| SSC | 英国行业技能委员会 |
| TAFE | 澳大利亚的技术和继续教育 |
| TIMSS | 国际数学和科学测评趋势 |
| TVET | 职业技术教育和培训 |
| UNDP | 联合国开发计划署 |
| WTO | 世界贸易组织 |

除特殊说明外，本文引用的货币单位均为美元。

# 引　言

新技术、全球化和信息革命极大地影响了世界经济，缩短了生产周期，提高了劳动生产率。例如，美国制造业的总就业人数在 1960 年到 1999 年间减少了一半，而制造业的产出却翻了两到三倍（Druchker，2001）。先进的科学技术取代了许多人工劳动，导致对“知识工人”和高技能人才的需求增加。受全球化以及全球和区域性移民的影响，工人流动性日益增加，国际贸易不断扩大，世界变得更加一体化。全球化与新科技使印度、中国和其他发展中国家成为制造业和服务业全球供应链的一部分（Friedman，2005）。这为发展中国家提供了机会和挑战，即如何调整自己的教育和学习体系以应对不断变化的人力资源需求和全球经济的竞争。

本书站在教育提供者的角度，阐述了教育所面临的不断变化的背景，指出教育体系现状和教育需求之间的不协调，并为调整教育政策、教育结构、学习内容和组织管理提出了政策建议。本书还探讨了处于不同发展阶段国家的短期和长期教育发展战略。

## 教育发展和竞争趋势的演变

将教育和经济发展联系起来并不是一个新说法。40 年前，人力资本理论就在教育、生产率和经济增长之间建立了联系。经济学家丹尼森（Denison，

1967）指出，“教育背景是影响劳动力质量的重要因素。它决定了个体所能够从事的工作类型及其工作效率”。丹尼森（Denison，1962）还提出，“增加教育机会可以提高个人对生产的贡献及增加个人收入的能力”。近年来的许多研究都发现教育和经济增长之间存在着正相关性：跨国研究表明，多接受一年的教育会使个人收入增加10%。在贫困国家，个人收入会增加20%（见Psacharopoulos & Patrinos，2002）。教育质量，如用总人口的认知能力来衡量，也对个人收入和经济增长有重大影响（Hanushek & Wößmann，2007）。

进入21世纪后，人力资本变得更有价值，因为知识已经成为发展和竞争力的重要资源。受过良好教育并且有技能的人口本身是创造、分享、传播和运用知识推动知识经济发展的基础（WBI，2007）。经合组织最近的报告表明，如用劳动年龄人口的受教育程度来衡量，人力资本对经济增长具有显著的影响（OECD，2000，2001）。

各级教育对经济发展和国家的竞争力均有贡献。基础教育可以为人们提供阅读和写作方面的坚实基础，并帮助受教育者成功进入中等教育。中等教育（包括职业技术教育和培训）能够培养专门的能力、技能、行为和态度以及合作意识和社会责任感，使青年人能够参与到知识经济中，对社会和谐做出决定性贡献，成为有责任感的公民。高等教育能够传授创新、传播和应用知识的能力，进而支持知识经济的发展（见World Bank，2002，2005）。

事实上，许多发达经济体由于实施了扩大中等教育的战略，包括对职业技术教育和培训的扩展，在提高劳动生产力和经济繁荣方面实现了显著的飞跃。在20世纪50年代之前，大多数发达国家特别是欧洲国家的中等教育体系都是精英教育，他们的中等教育入学率低于50%（美国除外，其中等教育就是开放性和非选拔性的）（见World Bank，2005）。这些教育系统的主要目的是为政府培养公务员。首先，初中教育在20世纪50年代到60年代发生了扩展，随后，高中教育在20世纪80年代到90年代出现了扩展。

这两次扩展被认为与当时对新工作技能的广泛需求、教育公平与家庭不断增长的教育需求紧密相关（Briseid & Caillods，2004）。在发达国家，1980年15岁以上总人口的平均受教育年限是8.86年，1990年这一数字是9.19年，2000年是9.76年。在发展中国家，1980年15岁以上总人口的平均受教育年限是3.57年，1990年这一数字是4.42年，2000年是5.13年。从1980年到2000年，高收入国家和低收入国家人口受教育年限的差距将近5年（Barro & Lee，2000）。

随着大众教育的发展，教育和学习体系在终身学习①的框架下变得更加灵活。终身学习涵盖了从早期儿童发展到退休及退休后的人生阶段，意味着继续学习和再学习的机会。终身教育被看作是一个国家在全球经济中是否具有竞争力的关键，因为它可以为人们在任何时间或任何年龄阶段提供所需的知识和技能。萨缪尔森（Samuelson，2006）认为，美国的学习体系在支持其发达经济方面有两大优势："一是提供了第二次机会，它在人们有学习动力时施教，而学习动力并不一定会出现在高中或大学初期。二是以就业需求为导向，由社区学院为当地企业提供培训并开设满足市场需求的课程。"

近期大量的研究都集中在教育、劳动力市场和技能发展之间的关系上。例如，《世界发展报告2007：发展和下一代》（World Bank，2006）强调对青年人的投资可以促进经济发展。该报告指出，教育投资能够拓宽青年人发展的机会，培养他们作为决策者的能力，并有针对性地提供有效的第二次受教育机会。另一份相关的研究是《南亚的知识经济与教育和培训》（Riboud，Savchenko，& Tan，2007），它强调技能对劳动力市场的影响。该研究指出提升技能、减少性别差距、扩大中等和高等教育、增加职业教育和培训，以及加强在职培训对于南亚国家赶上发达地区十分重要。

另一份最近的报告《将教育政策与劳动力市场成果相连接》（Fasih，2008）提出，只注重扩展基础教育不能大幅度地提高收入和减少贫困。教育的质量，即人口的认知能力（而不仅是入学率）与收入及收入分配极为相关（Hanushek & Wößmann，2007）。

2011年5月，世界银行发布了2020年教育战略。这一战略旨在支持发展中国家在未来十年内实现"全民学习"（Learning for all）的目标，通过投

① 终身学习指正规教育和更宽广的教育机会之间的衔接，这些教育机会由正规机构（如学校、培训机构和大学）、非正规学习机会（如在职培训）以及非正式学习（如从家庭或社区中习得的技能）来提供（World Bank，2003）。

资于人们的知识和技能促进发展。该战略的三个要点是：早投资、明智投资、为全民投资。这也标志着几项战略性的转变：即从仅关注学校中的学生到关注所有人，从以学校为中心到以学习者为中心，从重视对学校的投入到重视教育成果（World Bank，2011）。

## 本书的理论框架和重点

本书的重点是探讨如何在后基础教育阶段提高人的技能和能力，从而最大程度地发挥人的潜能。本书将学习者或工作者的需求作为分析的重心，讨论教育体系如何通过转变结构、更新内容和连接学校与工作场所来达到全民学习的目标。

作者认为人力资源最大化有三个重要因素：一是建立一个灵活的教育体系；二是培养并更新人们所需的技能；三是提高就业能力（见图 1）。第一，一个灵活的体系能够为学习者在他们需要的时候和方便他们的地点提供适应环境变化所需的知识和技能。这一体系也覆盖了超出学龄的需要更新知识和技能的成年人，从而使所有学习者在人生的各个阶段最大限度地发挥他们的能力。第二，在技能方面，注重提供新的、适应需求的高质量的教学内容，以使学习者能够积极地参与到经济活动中。第三是就业能力，它强调教育和就业之间的联系，教育并非与世隔绝，教育为进一步学习做准备，但更重要的是要为人们未来就业做准备。

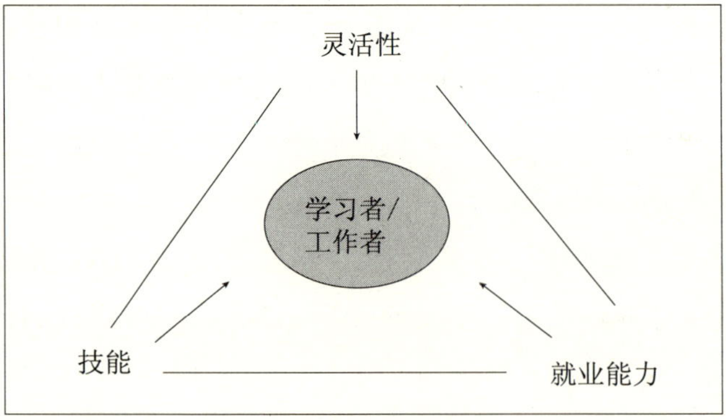


**图 1　三维学习框架**

来源：作者。

图1框架中的三个要素是相互关联的。一个灵活的教育结构可以使教育系统适应不断变化的技能需求，比如在当前经济环境中对软能力和团队合作的需求。灵活性也让“局外人”——雇主和企业——参与到课程发展和学生的实习中来。技能开发确保学习内容与劳动力市场和就业相关。因此，最大限度地提供学习机会和新技能，并确保从学校教育到工作场所的有效过渡，是培养有技能的劳动力的必要条件。

本书的内容主要涉及正规教育中的后基础教育阶段，包括初中和高中（也包括职业技术教育和培训）以及初级高等教育（包括两年制学院）。根据现有的有关教育和劳动力市场的文献研究，本书对全球性的变化及对教育的影响进行了分析，但劳动力市场的政策不属于本书探讨的范畴。

本书共三章，分别讨论以下问题：①教育为何需要跟随新技术、全球化、移民和劳动力市场的变化；②教育现在面临的挑战和问题，特别是教育系统是否提供了充足的学习机会、最新的技能培训以及在劳动力市场上发挥人力资本的机会；③面向未来如何建立灵活的教育系统、培养技能并强化学校和工作场所的联系。最后，对关键要点进行了总结。

# 一、教育为何亟待改革：了解不断变化的环境

教育不仅要为今天的社会培养人才，也要为未来社会储备人才。为了实现这一使命，了解宏观的、不断变化的社会背景至关重要。过去的几十年间，新技术、移民、人口变化、劳动力市场以及工作场所结构等因素使世界发生了翻天覆地的变化。这些变化对工作的性质和类型以及教育如何培养人都具有深远的影响。

## 1. 新科技和不断变化的技能需求

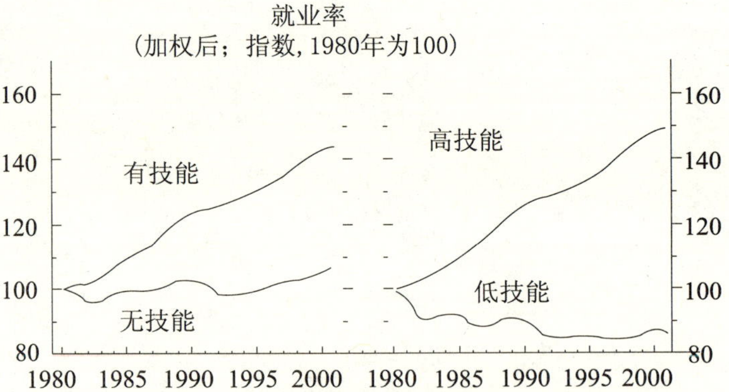


**图 2 从就业率看对有技能和无技能劳动力的需求（1980—2000 年）**

来源：Haver Analytics；International Labor Organization，Labor Statistics Database；OECD，Employment and Labour Market Statistics，National Accounts Statistics，and STAN Industrial Database；United Nations，*National Accounts Statistics*（2004）；及 IMF 职员计算所得。

注：有关技能水平的分析，发达的经济体包括奥地利、比利时、加拿大、丹麦、芬兰、法国、德国、意大利、日本、挪威、葡萄牙、瑞典、英国和美国；采用世界经济展望数据库中的国内生产总值等系列数据（以美元为单位）加权处理。

科技进步缩短了生产周期，显著地提高了生产率。在发达国家和快速发展的经济体中，计算机正在取代或辅助大量的人工劳动，比如在信息处理和可由程序操作的工作领域，从而导致对高端技能需求的增长（Levy & Murnane，2004）。依据《世界经济展望2007》（IMF，2007），1980—2000年，发达经济体中对有技能和高技能劳动力的需求一直在稳定增长，而对无技能和低技能劳动力的需求一直在下降（图2）。

以美国为例，1969—1998年，对于复杂的沟通技能（即对信息的理解和解释特定信息的能力）和专家式思维（如组建问题的能力）的需求稳步上升，而对那些只需要例行操作、常规认知和非常规体力劳动的需求在下降（Levy & Murnane，2004）。

这一趋势也出现在许多以科技为经济发展驱动力的新兴经济体和中等收入国家。比如，在中国和印度，科技变革不仅会影响到城市经济，还会对农村经济产生影响，创造了更多的商机和就业机会。在非洲，技术也是经济发展的驱动力。非洲的手机用户不断增多，逐渐覆盖了大部分人口，提供了新的商机和远程交易的机会。此外，非洲的另一个趋势是通过发展轻工业达到产业链上的升级。这一变化意味着发展中国家将从对农业的依赖转向对高技能（而非低技能）劳动力的需求。

### 2. 移民与发展趋势

今天，人们比以往人类历史上任何时期都更具流动性。联合国开发计划署的《人类发展报告2009》（UNDP，2009）显示，每年约有500万人跨越国境到其他国家居住，其中大部分是高技能工作者（总累计人数约2.1亿人，占世界人口的3%）。而更大规模的移民则发生在境内。每年约有7.4亿人从农村迁入城市，而这些境内移民大多数是非技能工人。

此外，在过去的50年里，由于经济发展和石油工业的增长，大量的移民涌入北美（从1960年的6.7%到2010年的14.2%）和海湾合作委员会国家（GCC，从1960年的4.6%到2010年的38.6%）。大多数国际移民迁入邻国或者与本国经济发展水平相似的国家。贫困国家人口的流动性最小，例如，非洲国家移民到发达国家的人口数量要少于其他较发达国家的移民数量。①

移民通常被认为对流出国和流入国双方都有利。“多数移民，不论是境内还是国际移民，都有望获得更高的收入、更优质的教育和医疗服务以及为子女带来更好的未来”（UNDP，2009：2）。对于一些发展中国家而言，移民的汇款帮助流出国减少贫困。例如，尼泊尔在1995年至2004年间贫困人口下降了11个百分点。同样，乌干达的贫困人口下降了11个百分点；孟加拉国下降了6个百分点；加纳下降了5个百分点。移民的汇款还可以对其留在国内的第二代家庭成员的教育产生积极的影响。例如，在萨尔瓦多和斯里兰卡，得到汇款的家庭儿童的辍学率比其他家庭更低，并且这些家庭用在孩子私立教育上的花费比其他家庭更多（Ratha，2009）。

**表1　国际移民的地域分布**

| | 1960年 | | | 2010年 | | |
|---|---|---|---|---|---|---|
| 地区 | 总移民数（百万） | 占世界移民比例（%） | 占人口比例（%） | 总移民数（百万） | 占世界移民比例（%） | 占人口比例（%） |
| 世界 | 74.1 | | 2.7 | 188.0 | | 2.8 |
| 非洲 | 9.2 | 12.4 | 3.2 | 19.3 | 10.2 | 1.9 |
| 北美 | 13.6 | 13.4 | 6.7 | 50 | 26.6 | 14.2 |
| 拉丁美洲和加勒比海 | 6.2 | 8.3 | 2.8 | 7.5 | 4.0 | 1.3 |
| 亚洲 | 28.5 | 38.4 | 1.7 | 56.6 | 29.6 | 1.4 |
| 海湾合作委员会国家 | 0.2 | 0.3 | 4.6 | 15.1 | 8.0 | 38.6 |
| 欧洲 | 14.5 | 19.6 | 3.5 | 49.6 | 26.4 | 9.7 |
| 大洋洲 | 2.1 | 2.9 | 13.5 | 6.0 | 3.2 | 16.8 |

来源：UNDP，2009：30。

尽管移民有利于发展，但它也给发展中国家带来了一系列的挑战。受过

① 尽管如此，美国是外国留学生数量最多的国家。全美自然科学和工程学的哲学博士中，现在有三分之一是外国出生的学生（Wulf，2005）。

良好教育的高技能工人从发展中国家向发达国家的转移，使得原本技能劳动力就有限的发展中国家的人才大量流失，这一点已引起了人们的关注（Hujo & Piper，2007）。另一方面，大多数从农村迁入城市的境内移民的子女很难获得在当地城市接受教育的机会；而且，由于这些移民不得不把孩子留在农村，使得这些儿童在没有父母的环境下成长。这种情况对国家的教育体系提出了多重挑战：（1）如何在本地培养大规模的高技能工人；（2）如何把移民培训成技能工人；（3）如何确保移民子女在其流出地和流入地都享有相同的学习机会。

### 3. 人口趋势

2010—2050 年，世界人口的增长将主要来自发展中国家。发达国家的人口将在 2020 年达到顶峰，在之后的 30 年中将以每年 7% 的比例减少。然而，发展中国家的人口，尤其是非洲人口将会增加一倍。到 2050 年，除非洲以外的各大洲，老龄人口的数量将会超过儿童数量；发展中国家人口的平均年龄将是 38 岁，发达国家人口的平均年龄将是 45 岁（UNDP，2009）。

到 2050 年，除欧洲以外的区域，劳动人口数量预计将会增加，而欧洲预计将减少 23%。在拉丁美洲，劳动人口将会增加 26%，在亚洲增加 22%。而非洲的劳动人口将在未来 40 年内以最快的速度增长，即增长 125%，是拉丁美洲和亚洲劳动人口增长的六倍。

**表 2 分区域劳动年龄人口分布**

| 地区 | 2010（十亿） | 2050（十亿） | 增加/降低（%） |
|---|---|---|---|
| 北美 | 0. 23 | 0. 27 | +16 |
| 拉丁美洲和加勒比海 | 0. 39 | 0. 49 | +26 |
| 欧洲 | 0. 50 | 0. 38 | −23 |
| 非洲 | 0. 58 | 1. 30 | +125 |
| 亚洲 | 2. 80 | 3. 40 | +22 |
| 大洋洲 | 0. 02 | 0. 03 | +31 |

来源：UNDP，2009。

预计到 2050 年，亚洲将成为世界上拥有最多劳动人口的地区（34 亿），非洲次之（13亿）。这一趋势突出了发展中国家把快速增长的青年群体培训成为具有技能的劳动力的重要性。对于教育水平低、贫困程度高的非洲更是如此。对于其他地区而言，关注的重点应是如何利用终身学习体系和继续学习机会延长年长人口的就业年限与持续就业。

## 4. 劳动力市场结构和就业

过去的十年见证了全球范围内从农业向服务业转移的显著变化。据国际劳工组织（ILO，2006）资料显示，全球农业劳动人口的比例由1995年的44.4%下降到2005年的40.1%。与此同时，服务业就业人口由34.5%升至38.9%，工业部门的就业人口保持不变。①

1996—2006年，世界各国的服务业均有发展和增强，但发达国家处于领先地位。到2006年，发达经济体（包括欧盟）的服务业就业人口占其总就业人口比重的71.2%，在中欧和东南欧，这一比例是53%，东亚是33.5%，南亚是29.6%，撒哈拉以南的非洲是24.1%（ISO，2007a）。很多服务业的工作——包括财务、旅游和银行——不仅要求有专门的技能，还要求具有语言、管理、人际交往、解决问题以及决策等能力。

**表3 1996年和2006年世界和地区分部门的就业人口估计**

| | 农业就业人口（%） | | 工业就业人口（%） | | 服务业就业人口（%） | |
|---|---|---|---|---|---|---|
| | 1996 | 2006 | 1996 | 2006 | 1996 | 2006 |
| 世界 | 41.9 | 36.1 | 21.1 | 21.9 | 37.0 | 42.0 |
| 发达经济体，包括欧盟 | 6.2 | 4.2 | 28.5 | 24.7 | 65.3 | 71.2 |

① 根据1990年第三版的国际产业标准分类（ISIC），服务业部门包括批发和零售贸易、餐饮及酒店业、运输、仓储和通信业、金融中介和保险业、房地产业、租赁和商务服务业、公共管理和国防、社会保障、教育、卫生和社会工作以及社会和个人服务业（ILO，2007a）。

续表

| | 农业就业人口（%） | | 工业就业人口（%） | | 服务业就业人口（%） | |
|---|---|---|---|---|---|---|
| | 1996 | 2006 | 1996 | 2006 | 1996 | 2006 |
| 中欧和东南欧（非欧盟国）和独联体 | 27.2 | 20.3 | 28.7 | 25.8 | 44.1 | 53.8 |
| 东亚 | 48.5 | 40.9 | 24.3 | 25.6 | 27.2 | 33.5 |
| 东南亚及太平洋 | 51.0 | 45.4 | 16.5 | 18.6 | 32.5 | 36 |
| 南亚 | 59.7 | 49.4 | 15.2 | 21.0 | 25.1 | 29.6 |
| 拉丁美洲和加勒比海 | 23.1 | 19.6 | 20.7 | 20.8 | 56.1 | 59.6 |
| 北非 | 36.5 | 34.4 | 19.8 | 20.0 | 43.7 | 45.6 |
| 撒哈拉以南 | 74.4 | 65.9 | 7.5 | 10.0 | 18.1 | 24.1 |
| 中东 | 21.1 | 18.1 | 25.2 | 25.6 | 53.7 | 56.3 |

来源：ILO，2007a。

注：缩写词参考“缩略词”。

在很多发展中国家，非正规经济通常占到整体经济的半数以上。非正规经济的特征通常是非正式的、临时的、报酬微薄的以及无保障的。印度有90%以上的就业人口在非正规经济领域（World Bank，2008）。21世纪初，亚洲有78.2%的就业人口从事非正规经济的工作。在拉丁美洲这一比例是

52.2%（Bacchetta，Ernst & Bustamante，2009）。非正规部门需要从业人员具有多种技能，包括自我创业的技能，如管理、记账、沟通以及维护客户关系的能力。

从2008年以来，全球性的经济危机对世界经济和就业都造成了重大影响。在很多国家，失业率已经创下历史纪录，而且将在今后的很长一段时间内持续下去。长期失业会给个人和国民经济带来严重问题。因为随着时间的推移，失业者会逐渐丧失工作技能，并降低再就业的能力（Khang，2009）。这个问题突出了为失业者提供技能培训并使其重返工作岗位的重要性。

### 5. 工作场所的组成

在工业社会中，工作场所具有严格的劳动分工、统一的标准和专门的职责。这一体系的运行靠的是少数人领导和多数人服从的体制。然而，现今全球经济和新科技激发了企业间的竞争，企业需要快速地满足客户的需求并更具灵活性。这导致工作场所管理等级的减少和任务分工的模糊。工业社会和后工业社会的工作模式差异显著，需要不同的技能。程介明（Cheng，2007）认为这两种社会的不同点在于：

| 工业社会 | 后工业社会 |
| --- | --- |
| 劳动分工 | 整体解决方案 |
| 个人任务 | 团队合作 |
| 专门职责 | 综合专业能力 |
| 行政管理 | 人际互动 |
| 按所学分工 | 即需、适时学习 |
| 上级评价 | 360度全方位评价 |

现在很多人在小企业工作，或在大企业的项目团队中工作。例如，在中国的香港特别行政区，2005年有99.3%的注册企业的员工总数少于100人，94%的企业少于20人，86%的企业少于10人（Cheng，2007）。加纳在1987—2003年员工人数少于5人的企业增加了500%，而员工人数多于100人的企业数量保持不变（Fasih，2008）。在小企业中，人们往往要承担多种任务——一个员工既是设计者也是执行者，既是管理者也是工作人员。因此，

团队合作、沟通以及解决问题的能力变得很重要。

今天，很少有人在一家企业内工作一生，工作变换司空见惯。发达国家的现状是如此，在发展中国家，这一趋势也日渐明显。依据美国劳工统计局的统计，“（美国）个人在18—44岁期间，平均更换11个工作，其中大多数的工作变动发生在27岁以前”（United States，2010：2）。在发展中国家，工作变动的频率可能没有达到发达国家的程度，但一般来讲，年轻一代更换工作比年长一代人更为频繁。这种趋势对教育部门具有重要意义。首先，一张文凭不能再终身受用，终身学习必不可少。其次，要想帮助人们变换职业，更新技能，使个人得到发展并为经济增长做出贡献，提供继续学习的机会至关重要。

本章所阐述的变化对教育体系提出了新需求。这些需求包括：培养高技能人才、培训移民并关注其子女的教育、关注软技能（例如，信息与通信技术、商业管理、团队合作，以及解决问题、交流沟通和领导的能力），并提供终身学习的机会。

# 二、教育体系面临的问题和挑战

教育体系是否为青年人应对持续变化的劳动力市场需求做好了准备？是否为青年人提供了足够的学习技能的机会？如何帮助青年人在持续变化的劳动市场中就业？本章从教育政策、规章、课程和从学校到工作的过渡诸方面分析教育领域的差距和错位。

## 1. 当前的教育体系是否为个人、社会和经济的需要提供了灵活和及时的服务？

知识经济和劳动力市场要求所有公民而不仅仅是少数人获得更多更优质的教育。根据世界银行的知识评估方法（Knowledge Assessment Methodology，简称 KAM），成人识字率、中等和高等教育的入学率，以及数学和自然科学的教育质量是考察一个国家是否为过渡到知识经济做好准备的重要参照标准。① 例如，突尼斯在 1985 年有 87% 的新工作要求劳动者具有初等教育水平，43% 的工作要求有中等教育水平，然而，到 2005 年，对仅有初等教育水平的工人的需求急剧下降，而 67% 的工作需要工人具备中等教育水平（Ezzine，2007）。同样，埃及在 1980 年新进入劳动力市场的就业者中约有 40% 只有小学及以下教育水平，而在 2005 年，劳动力市场上新进入者中有 70% 都具有中等以上的教育水平（Assaad，2007）。

由于教育可以提高个人的就业机会，接受更多且优质的教育能使个人受

① KAM 是一个互动性的基准测试工具，旨在帮助各国确定过渡到知识经济所面临的挑战和机会。该工具由 146 个国家的 109 项结构性的和定性的变量组成，用来衡量知识经济的四大支柱的表现：经济激励机制和体制、教育、创新和信息与通信技术。更多内容见 www. worldbank. org/kam。

益。例如，一项对南亚的孟加拉国、印度、巴基斯坦和斯里兰卡的调查（Riboud，Savchenko & Tan，2007）显示，具有初等教育以上教育程度的人可以更快地找到工作。同样，一项对欧洲国家的研究发现，高中肄业的青年人的失业率比那些高中毕业生要高得多（Ryan，2001）。

发展中国家在中等教育上落后于发达国家。高收入国家的中等教育毛入学率（GER）已经达到了100%，发展中国家要实现这一目标尚需做出很大努力。从20世纪90年代中期以来，拉丁美洲和加勒比海地区的中等教育毛入学率实现了历史上的最大突破，从1995年的55%增加到2009年的90%；其次是东亚和太平洋地区，从1999年的59%增加到2009年的76%。在撒哈拉以南的非洲，中等教育毛入学率从1999年的24%增至2009年的36%。尽管如此，发达国家和发展中国家之间的差距依然很大。高收入国家和非洲国家在中等教育入学率上的差距高达64%。

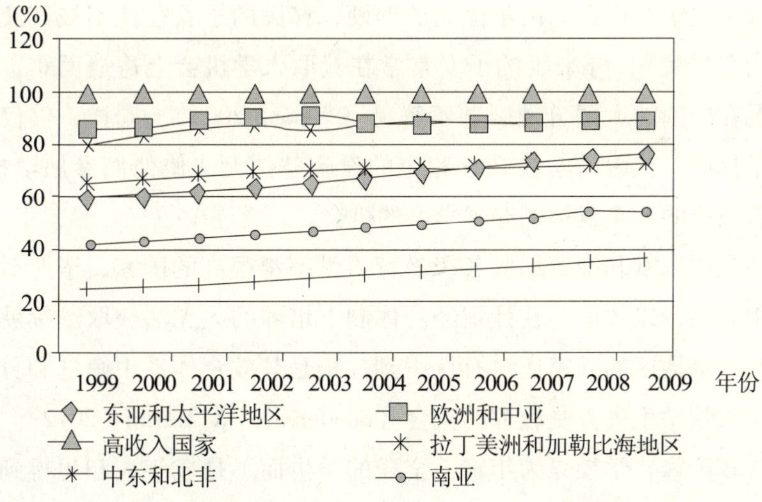


**图3 分地区中等教育的毛入学率（1999—2009年）**

来源：Edstats。

发展中国家中等教育入学率较低的问题不仅仅是由资金不足引起的。教育体系中的缺陷，如各种规章和限制条件也阻碍了青年人接受教育的机会。在很多情况下，教育体系在中等教育阶段是选拔性的，而非全纳性的。教育被分成普通教育（general education）和职业教育（vocational education）两种不同的轨道，并且受教育者一生只能做一次选择，没有补救的机会。从教育提供者的角度来看，这样的规则有利于行政管理。但从学习者的角度来看，这对个人和经济的发展都是不利的。

### （1）选拔性与全纳性教育体系

过去，教育是精英和学业能力强的学生享有的特权，它也是获取高级职位的先决条件。但今天不同了。优质教育是每个公民都应享有的基本人权，也是就业和生活质量的重要决定因素。尽管如此，在很多国家，教育机会仍受政府教育部门的规章所限制。那些规章决定何人、何时、何地以及以何种方式来学习。

在很多发展中国家，教育体系缺乏灵活性，无法满足学习者的需要。如果一个学生因为疾病、经济困难或者需要照顾家庭成员等原因超出既定教育阶段的正常入学年龄，不论他/她的能力有多强，学习的愿望有多强烈，他/她将永远失去学习机会。由于体制的僵硬，移民的子女往往不被其流入的城市认同为“居民”，外来工的子女常常在获取入学机会上遭遇困难，近年来这种情况在中国的大部分地区并不鲜见（Wang，2005）。同样，仅仅因为不符合入学标准，或因为学校缺乏相应的设施条件无法使他们参加学校活动，身体上有残疾的儿童就被剥夺了学习的机会。

即使是在东欧和中亚那些各级教育入学率都很高的国家，毕业后的学习机会也很有限，以致那些在计划经济体制下培养的人无法获取继续就业的技能。同时，该地区的国家还没有认识到，正是其教育体系中筛选和分流的传统导致了大量学生失去受教育的机会（Sondergaard & Murthi，2012）。

在许多国家，学校只为年轻、全职的学生而不是成年人和想得到继续教育机会的学习者提供机会。由于课程只在白天上，从而将那些白天需要工作养家的求学者拒之门外。此外，学校考试的目的并不在于判断哪些学生需要学业帮助，而是为了确定一个人可以在教育的阶梯上能走多远。例如，一个学生可能在社会科学方面非常有天赋，但如果他/她通不过数学考试，那么他/她将会失去进入大学的机会。

教育机会对于贫困学生和女童也是不平等的。在埃及，因为贫困地区无法提供学校、桌椅和卫生设施，贫困学生就失去了接受教育的机会。例如，在上埃及贫困的农村地区，约有1/4的女童没有机会接受初等教育（Assaad & Barsoum，2007）。同样，在南亚，中等教育的男生入学率是52%，女生只有33%。在中东和北非，只有55%的女孩进入中等学校，而男生的入学率为64%（World Bank，2005）。这种受教育机会的不平等，不仅对发展中国家的经济产生了消极影响，也阻碍了消除贫困的进程。

### （2）普通教育与职业教育

正如前面提到的，中等教育在许多发展中国家是选拔性的。学生通过考试或教师推荐等方式，被分流到普通教育和职业教育两种轨道。普通教育为学生进入高一级的学校做准备，而职业教育则为学生传授特定职业所需的技能。

直到最近，许多教育体系（除德国以外）都倾向于普通教育而非技能发展。判定“好”学生和“差”学生的唯一标准就是学业。学业能力强的学生被选入普通教育轨道，余下的进入职业教育轨道或者完全辍学。在某些情况下，青年人早在11—13岁时就开始被分流进入普通教育或职业教育两个轨道中，他们的未来也就此被决定了。这种早期确定青年人未来的做法，不仅忽略了个人天赋的不同和学生在教育阶段后期发展出学习兴趣的可能，也把人的成功限定于学业上的成功。然而，那些学业成绩差的学生，可能是职业技术教育和培训方面的优秀学生，并可能最终取得事业上的成功。

值得重视的是，职业教育在许多国家往往是死胡同。学生一旦进入职业教育轨道，不论他/她的学业和学习动机如何改进，他/她都可能失去进一步接受教育的机会。此外，职业教育经常是由教育机构管理，缺乏雇主或者专业技能强的合格教师的参与。由于使用过时的学习内容和设备，职业技术教育无法为青年人提供企业所需的最新技能。职业教育的“低人一等”印象仍然存在。这就造成了恶性循环：职业技术教育和培训不能够吸引优秀的学生；但如果没有优秀的学生，职业技术教育和劳动力的质量也无法得到改善。

### （3）第一次与第二次学习机会

许多发展中国家的教育体系只偏爱具有如下几种特征的学生：早熟、学业优异、目标明确以及家庭稳定。在这些国家，对那些有经济困难或其他方面困难、早婚、进入了不利发展轨道或者早期学习动力不足的学生而言，教育机会常常极少或者根本不存在。多数教育体系都建立在机械记忆和偏重理论的课程设置上，与考试直接相连而与工作不相关，导致了中等教育阶段的高辍学率和不及格率（World Bank，2005）。

在当今竞争激烈的世界中，知识和技能对于建立强大的经济体至关重要，而错失获得技能和参与社区与社会发展的机会的代价也非常昂贵（World Bank，2006）。辍学生不仅是人力资源的浪费，而且也意味着这些人失去了改变未来的机会，从而降低了其发展的潜力。的确，在许多国家，第一次机会即正规的教育机会能够培养出很多成功的领导者和技能工人，但是第二次学习或培训的机会能够帮助人们改变职业生涯，使他们在新工作中获得成功，因此同样有利于个人、经济与社会发展。

### （4）正规与非正规教育

在许多发展中国家，教育过分正规化。提供教育或培训意味着教学楼、学位、文凭、几年的学习期限和全职教师的配置。这种模式不但花费高、周期长，而且不能及时地满足学习者的需求变化。

今天，教育承担着多种任务，要为人们步入高层次的教育、及时就业、更新技能和变换工作做准备。科技和劳动力市场的快速变化，使技能更易过时，对短期技能培训和再培训的需求相应加大。在当前的劳动力市场中，工作的流动更为频繁，变换专业和职业司空见惯。因此，短期和在职培训对于个人需要和国家经济而言至关重要。

发展中国家内部从农村到城市的大量人口流动凸显出需要在传统教育和技能培训以外提供学习机会。例如，中国有超过 2 亿人口从农村流入城市，很多人在没有足够培训的情况下上岗工作。虽然有一些针对外来务工人员的非正规的培训项目，包括学徒培训和其他短期培训，但这些培训机会很有限。此外，这些项目多是民营机构组织的，并不被教育部门所承认。因此，有必要建立一个包括正规和非正规教育在内的教育体系，以满足人们继续学习的需要。

## 2. 教育体系是否培养了有用的能力和技能?

教育应该为人们传授使其能够参与到社会中并实现成功人生的能力和技能。然而，对能力和技能的需求是随着时间的变化而改变的。大约700年前，中国的学者需要在书法、射箭、音乐、诗歌、马术、礼仪等方面展现自己非凡的能力，并要对重要古籍文献了如指掌。与此同时，欧洲的学者需要在语法、修辞、逻辑、音乐、几何、天文、算术等方面有所造诣，并能够逐字记忆（Gardner，2006）。在19世纪到20世纪的100多年的工业社会，成功人士要掌握读写、计算和科学技能，并具有将这些技能运用到大规模生产中的能力。虽然工业社会时期的能力和技能在今天仍然需要，但已无法满足21世纪的经济需求。

### （1）新兴的能力和技能

迎接21世纪的是巨大的信息和科技革命。这场革命使人们的联系比以往任何时候都更为紧密，从而提供了更多的商业发展和经济增长的机遇。获取信息、跨语言交流、使用并创造新技术等能力成为核心生产力。因此，在当今世界，极为重要的是掌握信息与通信技术（ICT）的技能——使用科技作为获得、研究和组织信息的能力。

语言作为沟通和贸易的手段在本世纪得到了越来越多的关注。以印度为例，由于其民众的熟练英语水平和开发新技术的能力，使其在世界信息与通信技术领域处于领先地位。一项对印度的调查表明，“英语流利的男性比那些不会讲英语的人时薪会高出34%……能够讲一点英语的男性的时薪会高出13%……那些会讲英语、有经验且受过教育的人的工资更高”（Azam，Chin & Prakash，2010）。中学肄业的工人由于英语能力不足，其工资无法得到提高。

为了促进国际贸易和外交事业的发展，越来越多的人开始学习外语，包括20世纪不太受关注的语种，诸如阿拉伯语、日语和汉语。此外，创业技能不仅对那些在非正规部门就业的劳动者很重要，而且对那些想要自己创业的人同样重要。

自然科学、数学和工程技术依然重要。有研究表明，拥有众多工程专业学生的国家，其经济增长速度要快于那些拥有更多律师的国家（Hanushek & Wößmann，2007）。自然科学的学生比例同样也是衡量一个国家的公民参与社会和劳动力市场程度的重要指标（OECD，2007）。

社会对高技能的需求在不断增加。尽管对这些技能没有一个被广泛认可的定义，但它们通常被认为是运用知识、使用技能完成任务和解决问题的能力（Sondergaard & Murthi，2012）。在过去的40年中，美国出现了对高技能需求的快速增长，诸如复杂的沟通和专家式思考能力，而对常规劳动和体力劳动的需求则在下降（Levy & Murnane，2004）。这种趋势不仅仅发生在发达国家，一份世界银行的报告（Sondergaard & Murthi，2012）指出，东欧和中亚地区出现了对高技能劳动力的需求明显增加的变化，诸如管理人员、专业人士和技能工人，而对缺乏技能的工人的需求不断降低。

显然，现今的劳动力市场比数十年前需要更多的有不同技能的人才。正如前面提到的，雇主所寻找的是拥有技术和“软能力”（soft skills）等综合能力（包括团队合作、领导能力和沟通能力）的人，这种需求超越国界，在发展中国家和发达国家同样适用。例如，在菲律宾，雇主对核心技能进行了排名，排名靠前的包括解决问题、创造性思维、独立工作、沟通、谈判和领导能力等（di Gropello，2010）。

**专栏1　雇主需求的“软能力”**

在像法国、孟加拉国、阿拉伯联合酋长国这些不同类型的国家，对工作要求的描述表明雇主需要的是领导能力、团队合作及沟通能力。在法国，一份招聘广告把个人的精力、参与度和性格作为重要条件（Liberation，2007）。在孟加拉国，对一个场地维护经理的要求包括“具备卓越的沟通和表达能力以及作为业务经理、人际关系的拓展者、创新者和能力开发者所需的高度的领导才能”（Daily Star，2007）。在阿拉伯联合酋长国，一个汽车业的专家要求具备“出色的、在机构内有影响力的人际关系能力……致力于团队合作和知识共享，并拥有与多学科团队工作的经验”（Gulf News，2007）。

### （2）供给和需求之间的不匹配

对新技能和多技能的需求并不总是能得到满足。事实上，在全球范围内，技能的供给和需求之间存在着巨大的不匹配（图4）。

2010年，人力资源公司（Manpower Inc.）调查了36个国家和地区的35000名雇主，以确定技能工人短缺对当地劳动力市场的影响。调查发现，全球有31%的雇主由于缺乏合适的可用人才而难以填补职位空缺。前五种最难以填补的职位空缺按次序分别是：①熟练的交易员；②销售代表；③技术员；④工程师；⑤会计和财务人员（Manpower，2010）。

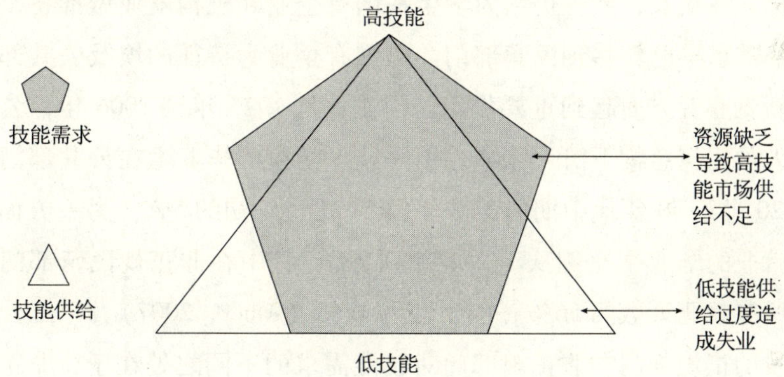


**图4 技能供给和需求之间的不匹配**

来源：Manpower Inc.，2010b：3。

技能的需求与供给之间的不匹配在全球几乎所有国家都存在。根据2010年8月美国劳工统计局的数据，美国的失业率为9.5%，有1500万人在寻找工作①。然而，人力资源公司（2010a）的数据显示，该国有300万个工作岗位仍然空缺。

某类劳动力的过剩或短缺是教育体系缺乏相关性的标志（di Groppello，2010；Whitehouse，2010）。在东加勒比海国家，服务业是经济的重要组成部分。这些国家在2006年大约有3/4的新就业机会来自旅游业。然而，雇主很难找到具备这个领域所需要的专门技能的雇员，如厨师和管理人员，以致要雇用外籍专业人员（World Bank，2007b）。在菲律宾，制造业和服务业也遇

① 见网站 www. bls. gov（2010年8月）。

到了相同的困境，即无法招收到具有适当技能的人来填补包括主管、经理、专业人员和行政人员这样的职位空缺（di Groppello，2010）。

许多教育体系依然深受老传统或殖民主义的影响，脱离现实的市场需求。例如，莫桑比克的课程还是在20年前为了适应中央计划经济和大型国有企业的用工需求而制订的。此外，在多数非洲法语区国家，职业教育体系遵循20世纪60年代的法国模式，其特点是过度重视学校课程和缺乏应对市场需求的灵活性。这种模式在法国早已消失，但在非洲还可以见到（Johanson and Adams，2004）。

同样，在埃及，教育仍然为学生在国有企业和机构就业做准备，然而对劳动力的需求早已转移到民营部门。以国有企业为特征的埃及公共部门曾经在吸收新就业者方面起到重要作用。但是，从1975年到2006年，公共部门的就业人员比例急剧下滑。比如，中等技术学校的毕业生在公共部门就业的比例从20世纪70年代中期的54%下降到21世纪初的5%。另一方面，在民营部门就业的毕业生比例从1/2增加到2/3，其中在非正规民营部门就业的男性占所有就业人数的56%，而女性占42%（Amer，2007）。

埃及的正规部门和非正规部门对技能需求的不同之处在于，非正规部门要求创业技能和多种技能。然而，职业技术教育机构并不能提供非正规部门就业所需的技能。这种供需之间的不匹配，导致青年人无法充分参与到经济发展中去。

目前，印度和中国的劳动力占据了全球供给量的40%。这两个国家的劳动力市场发出的强烈的信息是：以机械记忆为主的教育体系无法培养软能力，也无法提供相关的、市场需要的技能。《金融时报》（McGregor，2006）指出，在中国，每年约有60万接受过大学教育的工程师，其中只有不到1/10的人被认为可以被跨国公司聘用。同样，在印度每年300万的大学毕业生中，只有25%的工程专业和10%—15%的普通大学的毕业生具备在信息技术和商务处理的外包行业中直接就业的能力。

### （3）对21世纪的技能和能力的定义

越来越多的人开始关注21世纪所需的能力和技能。例如，经济合作与发展组织（OECD）概括了成功的人生和良性的社会所需的关键能力（表4）。

**表4 OECD对能力的定义和选择**

| 类别 | 理由 | 所需能力 |
|---|---|---|
| 1. 交替地使用工具 | • 保持技术更新<br>• 按目的调整工具<br>• 与世界积极对话 | • 交替地使用语言、符号和文字<br>• 交替使用知识和信息<br>• 交替使用技术 |
| 2. 与不同群体互动 | • 在多元社会中处理多样性<br>• 同情心的重要性<br>• 社会资本的重要性 | • 与他人和谐相处<br>• 团队合作<br>• 管理和解决冲突 |
| 3. 自主行动 | • 实现个人定位并在复杂世界中设置目标<br>• 行使权利和承担责任<br>• 了解个人所处的环境及其运作功能 | • 以大局着眼采取行动<br>• 形成并执行人生计划和个人目标<br>• 维护并坚持权利、利益、权限和需求 |

来源：OECD，2005。

国际劳工组织（ILO）提出了“技能的便携性”（portability of skills）的概念。这种提法的重点是技能应当能够在工作之间转换，并且容易被雇主识别。国际劳工组织对知识、技能和态度这些能使人获得工作机会并可按劳动力市场变化调节的能力作了广泛的定义，具体分为下面两类（ILO，2007b）。

**Ⅰ. 核心技能**

a. 认知/解决问题的能力：使用高层次的思维技巧和运用多种方法有效地分析、解决与技术或业务相关的问题的能力。

b. 社交能力：联系他人、在团队中工作、激发并表现出领导力、管理客户关系的能力。

c. 交流能力：读、写和处理信息的能力。

d. 个人行为/道德：合适的个人和专业态度与价值观，做出明智的判断以及做出决策的能力。

e. 学习能力：获取新知识、汲取经验、开放创新的能力。

**Ⅱ. 职业/技术技能**

具有适当的技术、职业或业务知识，以及将这些知识应用到实践中的能力。

此外，人力资源公司提出四类“可教能力”（teachable fit）（表5），以确定求职者的技能差距是否可以通过教育来弥补。这四类能力是知识（固定的），技能（包括硬能力和软能力），价值观和心态，以及个性和智力。人的能力应具有灵活性，因为每一种职业都有对工作的具体要求。人力资源公司指出，大多数知识和技能不仅是重要的，而且也是“可教的”（teachable）。表5举出软件工程师的例子加以说明。

**表5 人力资源公司针对软件工程师的“可教技能框架”**

| 类别 | 能力 | 说明 | 重要性？1（低）–5（高） | 可教性？1（低）–5（高） |
|---|---|---|---|---|
| **知识**<br>业务或学科领域 | 计算机系统 | 需要具备计算机科学、工程学或数学学位/经验 | 5 | 1 |
| | 工程原理 | 如果未经过学校培训，需要大量实践 | 5 | 3 |
| | 工程技术 | 边做边学 | 4 | 4 |
| **技能**<br>表现出来的能力与实践，包括“硬能力”和“软能力” | 技术设计 | 可从现有配置中学习 | 5 | 3 |
| | 系统分析/解决复杂问题 | 通过大量实践来培养 | 5 | 2 |
| | 诊断/测试/排除故障 | 可以快速掌握方法，但非适用于所有情况 | 5 | 4 |
| | 积极聆听/合作 | 需要与顾客、供应商和同事一起工作 | 4 | 3 |
| | 编程 | 包括操作系统，可教，但需一定经验 | 4 | 5 |
| | 文件编制 | 需要细致精确 | 3 | 4 |
| **价值观和心态**<br>人们带到工作中的和工作所需的态度 | 愿意发展 | | 4 | 2 |
| | 愿意学习 | | 4 | 2 |
| **个性和智力**<br>基本性格和心理特质 | 系统性思考/模式识别 | | 5 | 2 |
| | 演绎推理 | | 5 | 2 |
| | 归纳推理 | | 5 | 1 |
| | 求知欲 | | 4 | 1 |

来源：Manpower，2010b，9。

教育领域需要面对的挑战是如何传授这些技能，特别是沟通能力、创造力、领导能力、团队合作、学习能力、价值观和道德等“软能力”。在大多数发展中国家的教育体系中，目前的课程设置和对“软能力”的需求有很大差距。学校是按照学科来划分的，而劳动力市场不仅需要学科领域的技能，而且所有行业和职业都需要“软能力”（Cheng，2007）。学校的课程设置并不利于“软能力”的发展。比方说，教师总是更关注考试，而学生则为考高分而竞争。学校、教师和学生的评估标准只限于“硬能力”而非“软能力”上。如果要发展“软能力”，现行的考试体系和教学方法必须改革，才能实现对团队合作、领导能力和沟通能力发展的期望。

**(4) 国际评估**

值得注意的是，国际评估已经成为各国衡量自己是否为青年人面向全球经济做好准备的基准，比如国际学生评价项目（PISA）和国际数学和科学评估趋势（TIMSS）。PISA 声称，它测量的是学生充分参与和为成功的现代社会做贡献的技能和能力。另一方面，TIMSS 测量的是学生在学校的数学和科学成绩。然而，这两种评估都没有测量在当代全球经济中取得成功所需要的重要技能，即沟通能力、领导能力和团队合作能力。

国际评估对公共政策特别是教学内容和评估内容具有重大影响。由于在国际评估中取得了高分，芬兰、韩国和新加坡成为样板。很多国家试图模仿他们的教育体系，包括他们的课程、教学法和教育结构。虽然这些评估是学生成绩的重要指标，但不能单纯把评估的分数与教育体系的成功挂钩，因为这些成绩仅仅是教育成就的一个指标。很多其他因素也促成了高分的获得，包括一个国家的文化、对教育的重视、家长对学生教育的参与以及传统，而这些都无法轻易复制。

### 3. 教育体系是否为青年人从学校到工作的过渡做好了准备？

青年人可能寻求完成中等教育、职业教育或者高等教育，但教育本身并不是最终目标。优质的教育应当传授有用的知识和技能，使得青年人能够有效地参与到工作和社会中去。对从学校到工作的过渡（school-to-work transition）的关注，是最近产生的现象。它与青年人的高失业率和寻找第一份工作的漫长等待期，以及劳动力市场的变化和不确定性有直接关系。

（1）教育规划的演变趋势

从40多年前直至前不久，在世界上许多国家，从学校到工作的过渡在很大程度上是国家的责任。在苏联、中国和其他转型经济体中，政府按照人口统计数字和对各行业的职业构成的预测来规划教育。这些预测建立在对特定的领域或专业所需人员数量的基础上，比如电子工程师、机械工程师和教师。国家在学生毕业时根据学生在学校中所应学到的知识将其分配到具体的工作岗位。

20世纪60年代，为了避免劳动力短缺、促进经济增长，人力资源规划在世界很多发达和发展中国家得到了广泛关注。正如一份研究观察中写到的，"规划者试图按照未来人力资源发展对技能人才的需求设计教育体系，进而培养出具备所需技能和技术或专业知识的劳动力"（Psacharopoulos & Woodhall，1985：72）。当时人力资源规划的前提是劳动力市场的变化不大，并且经济和科技的结构稳定。在这样的前提下，教育体系生产出来的人力资源的数量和种类被认为可以促进生产力和经济的增长。

然而，当今的经济、组织和科技结构正在发生着剧烈的变革。这些变革使企业内部发生了永久性的变化，从规模缩减、国外外包、企业合并到产品转移，导致了对劳动力期望值的增高。劳动力市场已不再受供给方的驱动，而是更加受劳动力市场和雇主的影响，后者创造了需求，比如苹果公司的案例。因此，试图对某一行业或工作领域的人力资源的需求进行预测变得日益困难，即使是在那些有政府控制传统的国家也是如此。

虽然实行教育规划是必要的，而且对每千人中所需医生的数量，或按人口对每学区所需教师的数量进行预测也是可能的，但要预测工程通信部门所需的人员数量和规划出三到五年中学生应该掌握什么是很困难的。现在，一个人的就业能力由多种因素决定，包括他/她的学历和工作经验、就业信息是否充分、有无适当的就业指导以及学生找工作的意愿和相应的劳动力市场条件。

### (2) 受教育程度、期望值和就业/失业

受教育程度被看作是就业的关键因素。在有岗位空缺的情况下，教育程度高会带来更好的就业机会。教育程度低的人的失业率也高，并且他们的就业机会会随着时间的推移而恶化。在发展中国家，教育程度低的女职员更容易失业。例如，在南亚，女性的就业机会少于男性。

然而，受教育人口的失业也很普遍。例如，首次求职的人比其他人有更长的就业等待期。在全球范围内，大学毕业生或来自富裕家庭的人比那些来自经济困难家庭的人经历的等待期更长，因为他们对工作的期望值更高，其承担失业的能力也更强。

许多大学毕业生，比如中国的大学毕业生，过去都享有被分配到公共部门就业的机会，因而对就业保障和待遇有较高的期待。然而，最近几年中，中国的大学生数量迅速增长，公共部门的人员已经超编，而大学生的期望值仍然很高，从而导致了较高的大学生失业率。同样，埃及的大学和高中毕业生，更愿意在公共部门获得一份长期工作，而不愿在民营部门就业，从而导致高失业率。在发达国家，青年人不积极就业的现象也很严重，这可能和教育和劳动力市场都不相关，而仅仅是出于个人的选择。例如，在荷兰和瑞典，有很大比例的青年人“失业”或不积极就业是由于旅行和休闲的缘故（Ryan，2001）。

### (3) 学徒实习和工作经验

学徒实习和工作经验是从学校到工作过渡的最被认同的模式。学徒实习为学生提供了实际工作经验，并建立起雇主对潜在工人的信任。在许多国家，如德国、瑞典、挪威和荷兰，获得工作经验作为中学教育的一部分得到了强化（Adams，2007）。在这些模式中，德国的“双元制”是世界上最流行的一种模式。

**专栏2 德国的“双元制”模式**

德国的“双元制”又名学徒制，是建立于20世纪60年代的职业技术教育模式。该模式为2/3的德国青年做好了进入劳动力市场的准备。由于学生的这一高参与率，德国实现了低失业率，从而使这个模式得到了国际社会的广泛关注。“双元制”为学生提供了同时在企业训练（每周4—5天）和在学校学习（每周1—2天）的机会。该模式的特点是在政府掌控的市场中由政府制订与雇主的合作方针。由企业提供培训和就业机会。企业培训是由单一的主导企业来承担。同时，学生在职业学校中接受普通和特定行业的课程。毕业后，学生直接进入受训的企业工作，从而实现了顺利就业。

然而，双元制也面临着现代化的危机，主要的挑战是，雇主提供的培训名额日益减少。雇主不愿意提供培训，原因包括培训的成本高、培训对劳动力市场的反应迟缓以及在德国的外国投资的增多。培训名额减少的中心问题在于，所提供的培训无法达到现代工作场所对高标准和综合能力的要求。培训体系缺乏灵活性和应变能力，成为企业和学员的个性化培训的主要障碍（Ertl & Sloane，2004b）。出于对培训资金负担的考虑，雇主更愿意从双元制体系以外招聘员工（Deissinger & Hellvig，2005）。此外，随着德国外企数量的增加，德国企业固有的培训青年人并为其提供工作岗位的传统的社会责任正在被打破，从而导致学徒数量减少。

来源：Ertl & Sloane，2004b；Deissinger & Hellwig，2005。

（4）**职业化还是非职业化**

瑞安（Ryan，2001）指出，对普通教育和职业教育主要有三种不同见解。教育家提倡减小普通教育课程和职业教育课程之间的分割，认为接受职业教育的学生不应当把精力集中在职业培训上。他们认为，普通教育的学生也可以将理论应用于实践并从中学到职业知识。职业教育家则倡导实际工作经验，认为这样可使学生更有动力和更好地了解工作场所。另外，经济学家出于对普通教育的高回报和职业教育的高成本的考虑，主张减少职业教育。

将普通教育和职业教育学生的最后成果作比较，得出的结论是不一致的。在法国，两年制职业教育（Lycée）的毕业生比那些同等普通学校的毕业生的收入高21%。而在美国，职业教育的毕业生比普通学校的毕业生的收入少10%（Ryan，2001）。

由于职业技术和普通教育的学生来自同一生源，所以确定两者的合适比例仍然是政策制定者和教育工作者关心的首要问题。亚当斯（Adams，2007）认为，大多数有关职业技术教育和培训（TVET）的研究仅关注短期就业和收入，没有纵向的数据，因此不能检验两种课程中的哪一种从长远来讲更有利于经济发展。职业技术教育不能产生积极效果的原因可能与职业技术教育和培训项目的设计和执行有关。尽管经济增长缓慢和现代化规模较小的国家对职业技术教育和培训的需求低，但是那些正经历快速增长且服务业和现代化部门劳动力短缺的国家，如中国和印度，雇主更愿意雇用职业技术教育的毕业生。

考虑到职业技术教育和培训与劳动力市场的相关性，人们努力将中等教育职业化以提高其经济相关性。然而，一份近期的研究（Lauglo & McLean，2005）在回顾并总结了25年来博茨瓦纳、加纳、肯尼亚等国中等教育职业化的经验后发现，在普通中等学校中开展少量的职业训练并没有给学生带来劳动力市场上的优势，因为它提供的既不是职业技能也不是特定的学科知识。

目前发展职业教育的另外一种做法是将职业教育的分流推迟到普通中等教育之后。该模式强调在中等教育阶段着重培养普通能力，而将职业技能留给雇主的在职培训。这种模式让学生可以在其成熟并对各种模式有一定了解后，再做出明智选择（World Bank，2005）。

### （5）职业信息、咨询和指导

劳动力市场的快速变化和新就业机会的扩展凸显出开发帮助学生就业新途径的重要性。然而，大多数发展中国家没有或只有有限的现代化信息系统，学生仍然运用传统的方式寻找工作机会。在叙利亚，90%的学生仍然依赖家庭、朋友和社会关系来寻找工作。摩洛哥也是一样（Blomquist，2007）。在埃及，新求职者明显缺乏有关获取就业机会和所需技能的信息。特别对来自低收入家庭的青年人更是如此，因为他们从家庭成员中得到的指导极其有限（Assaad & Barsoum，2007）。

一项对14个经合组织国家进行的以终身学习为背景的职业指导效果的研究表明，即使在这些国家中，职业指导的范围也很有限。这些职业指导项目的潜在效用体现在个人、组织和社会层面上。在所分析的40多个项目中，90%的项目都有正面的效果。其中，对单个人指导的效果最好；小组咨询和课堂干预的效果其次；免费咨询形式的干预效果最差；用计算机进行的指导最具有成本效益（OECD，2004）。

针对职业指导的公共政策，世界银行（Watts & Fretwell，2004）开展了一项对七个发展中国家和中等收入国家的研究，其重点是探讨如何帮助青少年了解职业教育和培训的信息并做出明智的选择。这项研究总结了智利、菲律宾、波兰、罗马尼亚、南非和土耳其等国的案例，研究发现：

• 职业指导往往被边缘化；教师花费大量时间来解决学生学习和行为方面的问题，而不是帮助学生做出普通教育和职业培训的选择。

• 学校中的就业指导往往是一般性的指导咨询；有些指导教师并没有接受过专门培训。

• 指导教师对全面的、最新的职业信息了解甚少。

• 高等教育阶段的就业指导很少或者根本不存在。

综上所述，教育体系必须克服自身的弱点，使教育与经济紧密联系起来。那些只为部分学生服务的传统教育体系应当被灵活的、全纳性的体系所取代。学校课程必须根据新技能的需求来设计并能够把这些技能传授给学生。最后，对传统的就业模式必须加以调整，以适应行业和劳动力市场的变化，为学生做好顺利就业的准备。

## 三、面向未来：有关教育灵活性、技能开发和就业能力的公共政策

提高教育体系的灵活性、提供社会和经济发展所需要的技能，以及提高学习者的就业能力，这些政策的重点和策略取决于国家的经济发展水平、增长速度和中等教育的普及率。经济增长速度被选定为主要因素的原因是经济增长会产生需求，而需求又决定了技能培训和职业技术教育的规模。此外，中等教育是技能发展的基础条件。例如，快速增长的经济体比慢速增长的经济体更需要有技能的劳动力来支持其快速增长。因而，对于前者而言，扩大职业技术教育和培训应是重点。

在经济增长快但中等教育不发达的低收入国家，发展中等教育和中等职业技术教育是重点。对于经济增长快的中等收入国家而言，应优先发展高等职业技术教育和培训，因为这些国家的中等教育入学率通常很高。一般来讲，低收入国家比中等收入国家的中等教育入学率低，但也有例外。比如非洲的肯尼亚的中等教育入学率相比其他非洲国家要高很多。多数东亚国家的中等教育入学率要高于非洲国家或者南亚国家。因此，这些东亚国家的任务是提高中等教育的质量和发展高等教育阶段的两年制和短期培训项目。

本章根据各类国家面临的问题和发展战略的相似性将国家分为四类：

第一类：快速增长的低收入国家；

第二类：慢速增长的低收入国家；

第三类：快速增长的中等收入国家；

第四类：慢速增长的中等收入国家。

图 5 展示了不同经济增长速度和收入水平国家的模型（国家的类型对应图中的四个分类）。中等教育的毛入学率被作为与国家收入和经济增长水平

相关的一个指标。

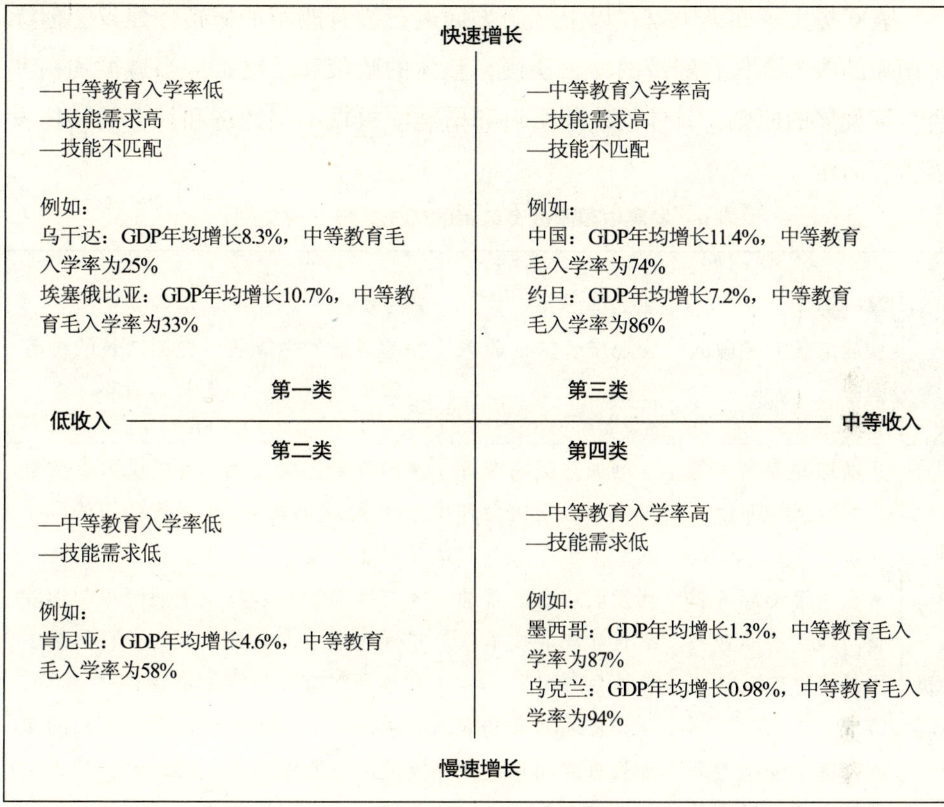


来源：作者。

**图 5　国家模型**

注：该模型根据世界银行 2009 年人均国民总收入（GNI）的数据将国家分为：低收入、中等收入和高收入。有关详细信息，请参阅世界银行网页上的分类（http：//data. worldbank. org/country-classifications）。

国内生产总值（GDP）平均增长率的数据来自世界银行的全球金融发展和世界发展指标数据库（http：//data. worldbank. org/data-catalog，2010 年 9 月）；中等教育毛入学率的数据来自 World Bank，2010b. 所引用的 GDP 年均增长率来自 2005—2009 年的数据；中等教育毛入学率是基于 2008 年的数据。

结合图 5 的四类国家模式和前面章节中提到的教育领域面临的挑战，即：

①建立灵活的教育体系，②开发相关的技能和能力，③加强学校和工作的联系，表6提出了四类国家在以上三个方面进行教育改革的概括性建议。但无论国家的收入高低，经济的增长快慢，整体的政策和战略都应当遵循均衡和可持续发展的原则。具体的改革重点和措施应根据本国经济和教育的具体发展需要而定。

**表6 发展中国家教育政策的优先选择（分类别）**

| | 第一类<br>快速增长的低收入国家 | 第二类<br>慢速增长的低收入国家 | 第三类<br>快速增长的中等收入国家 | 第四类<br>慢速增长的中等收入国家 |
|---|---|---|---|---|
| 灵活性 | •增加并提高中等教育入学机会和质量<br>•在中等和高等教育阶段扩展职业技术教育以应对技能需求<br>•考虑增强中等职业技术教育机构的灵活性 | •增加并提高中等教育的入学机会和质量<br>•发展均衡的普通教育和职业技术教育体系<br>•在普通教育和职业教育之间建立顺畅的转换通道 | •提供第二次技能学习和培训机会，认可非正规学习<br>•在高等教育阶段扩大职业技术教育和培训以应对技能需求<br>•使高等职业技术学院/两年制学院成为教育体系中最具灵活性的部分 | •提供第二次学习机会与认可非正规学习经验<br>•使两年制学院成为教育体系中灵活的一部分，以满足人们的多种需求 |
| 技能 | •开发学生的基础技能和能力<br>•与行业或部门合作确定未来的技能需求，保持学校课程和证书的相关性 | •更新学习内容，培训教师的新技能和软能力<br>•拓展基础技能和能力<br>•开展新技能和软能力的培训 | •与行业或部门合作确定未来的技能需求，保持学校课程和证书的相关性<br>•平衡低、中、高技能的培训 | •更新学习内容，培训教师的新技能和软能力<br>•开发新能力和软能力的培训 |

续表

| | 第一类<br>快速增长的低收入国家 | 第二类<br>慢速增长的低收入国家 | 第三类<br>快速增长的中等收入国家 | 第四类<br>慢速增长的中等收入国家 |
|---|---|---|---|---|
| 技能 | • 平衡对低、中、高技能的培训<br>• 平衡新、硬、软能力的培训及评估 | • 平衡对低、中、高技能的培训 | • 开发新技能和软能力的培训和评估 | |
| 就业能力 | • 建立与行业的联系，激励行业参与职业技术教育项目，并提供工作经验<br>• 开发公共信息系统、职业辅导和就业支持体系 | • 开发公共信息系统、职业辅导和就业支持体系 | • 建立与行业的联系，激励行业参与职业技术教育项目，并提供工作经验<br>• 开发公共信息系统、职业辅导和就业支持体系 | • 开发公共信息系统、职业辅导和就业支持体系 |

来源：作者。

### 1. 建立灵活、应变的教育体系

人力资源公司在《处在变化中的工作》（2006）的报告中展望了 2006—2016 年的劳动力市场，并指出灵活性是劳动力市场的关键。雇主需要那些有合适技能并在全球经济中具有灵活竞争力的劳动力。劳动者也需要更多的灵活性和合适的工作时间以满足他们的兴趣和需要。教育同样需要应工作场所对青年人和成人的需求而变化，改变其原有的结构和使命，而不是简单地将学生培养成稳定的劳动力。然而，灵活的、应变的教育体系并非自然而然地产生，而是将教育和经济发展联系起来精心设计的产物。

#### （1）扩大并投入后基础教育

中等教育是国家经济和竞争力的基础。中低收入国家在扩大教育机会和实现终身学习上面临不同挑战。低收入国家，无论是快速还是慢速增长，都普遍存在着中等教育入学率低、其扩展受财政制约等问题。因此，这些国家需要增加普通中等教育的入学机会。如果这些国家的经济在快速增长，有关方面则应同时扩大职业技术教育和培训。对中等收入国家来说，应扩大高等教育（如果经济快速增长，也应包括高等职业技术教育和培训），同时也要平衡普通教育和职业技术教育的比例。

公共教育的资金分配要从战略的角度考虑。有些国家选择在初中教育阶段投入多，有些在高中教育阶段（包括职业教育）投入多。教育部门间资源分配的选择因国家而异，它取决于后基础教育的发展以及政策制定者对不同部门战略重要性的认识。如果将马来西亚和巴基斯坦作比较，巴基斯坦在高等教育方面远远落后。因此，对巴基斯坦而言，增加高等教育资源的分配比例比马来西亚更为重要，因为后者的高等教育入学率已经达到了较高的水平。

提高教育系统的效率是释放资源和扩大中等教育覆盖面的另一个途径。负担过重的课程不仅对学生无益，而且也浪费资源。例如，乌干达的中等学校直到不久前还在开设44门课程。如果将课程减少到只教授核心能力和技能，那么就会释放出更多的教师资源，从而增加受教育的人数。

**专栏3　中国政府对职业技术教育的财政补贴**

为了吸引学生就读中等和高等职业技术教育学校，近年来，中国政府决定为贫困家庭的学生提供财政补贴。例如，在广东省，当地政府为中等职业教育一、二年级的学生提供每年1500元补贴，来支付学费和其他费用。政府补贴同时适用于公立学校和私立学校的学生。在就读的第三年，学生从实习的企业获取工作报酬。如果当地经济发展水平高，政府愿意出资，学生可以获得更高的补贴。该政策被认为是“智力扶贫”，因为一旦学生就业就有望帮助整个家庭脱离贫困。

来源：作者。

但是，多投入并不一定意味着高成效。一份名为《技能而非文凭，东欧和中亚教育体系的目标管理》（Sondergaard & Murthi，2012）的世界银行报告建议采用更灵活、明智的投资机制，即从对支持教育投入到支持教育产出。

可行措施包括：①采用生均经费投入指标，而不是把资金与投入捆绑在一起（例如，教师、校工、计算机的数量）；②引入绩效预算并将其与可测算的结果直接挂钩；③将激励机制引入资金使用中，奖励取得成效的参与者；④寻求民营部门的资源。

通过民营和社区提供教育来扩大中等教育和高等教育规模也很重要。在菲律宾，公共部门和民营部门合作的教育项目在 2008—2009 年度使 567500 名（占总数的 8.8%）高中学生有机会就读。为了更好地利用私立学校的过剩资源，菲律宾创立了教育服务合同（Education Service Contract，简称 ESC）的制度。该合同制定了公立初等学校的毕业生在私立高中就读期间的固定学费补助方案。据说该方案为政府节约了费用。公立高中的生均直接成本大约是 185 美元，而 ESC 的生均成本是 107 美元。这一机制帮助政府解决了公立学校拥挤和质量差的问题（World Bank，2010a）。

### （2）整合正规教育和非正规教育

正规教育不是扩大学习机会的唯一途径。在很多情况下，正规教育并不能很好地满足非传统学生的需求。而非正规教育，通过灵活的课时安排，兼职或网上学习等形式，可以弥补正规教育的不足，从而满足人们的不同需求，扩大学习机会。澳大利亚的技术和继续教育（Technical and Further Education，简称 TAFE）课程利用其灵活的课程安排为来自不同群体的青少年和成年人提供了重新接受教育的机会（Wyn，Stokes & Tyler，2004）。

**专栏 4　澳大利亚的技术与继续教育项目**

1974 年，澳大利亚创立了技术与继续教育课程以培养劳动力的技能和知识，进而增强国家的竞争力。通过有组织的技术与继续教育项目，TAFE 为在校学生、失业者、辍学者、大学生和成人，提供了一套多元、开放的教育体系。它的特点包括：

- 中等教育阶段的职业教育为 70% 不准备立即上大学的高中学生提供与工作相关的技能。该项目的组织形式分为两种：①将职业技术教育和培训作为高中教育学历的一部分；②学生在完成中等教育学历的同时，有机会与雇主达成协议，作为全职学生和兼职雇员获得全国认可的职业技术教育资格证书。

- 通过技术与继续教育项目为1/3的中等教育辍学者获得第二次接受教育的机会。学生可以注册证书课程，进入到下一阶段的学习后获得所选领域的文凭和学位，或者通过短期课程尝试不同职业。
- 在大学和技术与继续教育课程中间建立多种进出通道。该项目同很多大学签订了学分转换和衔接协议，使学生可以把TAFE学分转入到这些大学；同时，大学的学生也可以将他们的学分转换成TAFE的课程学分和资格证书。
- 利用短期课程培养特定技能。如提供从事汽车、电工或厨师行业的学徒或实习机会。

来源：Jarvie（2005）和TAFE的网页，http：//www. tafensw. edu. au（2010年12月）。

在韩国，正规教育和非正规教育并行存在，为那些在正规学校系统中错过了最初学习机会的人提供第二次学习机会。从20世纪80年代开始，为推动大众教育的发展，韩国建立起了一套在终身学习框架下的非正规教育模式。非正规教育体系与正规教育体系不但是平行的，也是紧密相连的。非正规教育体系颁发的证书和文凭具有与普通学校所发证书同样的效力。从小学阶段开始，非正规教育为小学辍学者提供公民教育课程；在中等教育阶段，针对公民教育的毕业生设计了技术学校。在职青少年可以参加特别设计的夜校课程。另外，他们与企业工人和家庭主妇一样都可以选修远程学习课程（Kim，2007；Republic of Korea，2008）。

科技的进步，尤其是互联网的发展可以使任何人在任何时间、任何地点进行学习，而无须建造新教学楼。电脑和网络大大降低了教学人员和基础设备的成本。例如，以科技支持的模拟技术可以教授学生如何驾驶飞机和操作机器。因此科技具有部分地替代与工作相关的培训所需设备的潜力，而限制职业技术教育发展的一个主要因素就是这些设备的费用。网上学习，或者在线学习也意味着教育机会的增加。

### （3）创建能够满足全民学习需求的灵活的教育机构

灵活的教育系统的关键要素之一是它的结构。在美国、加拿大、英国，社区学院是教育系统中最具灵活性的一部分，因为不同年龄、不同背景的学生都可以在需要的时候在社区学院中找到适合自己的位置和课程。在美国，约有1200万学生就读于全国1200所社区学院。在社区学院注册的学生占大学生总数的一半。他们可选学分课程或非学分课程，可做全职学生或兼职学生（Bailey，2003）。社区学院有许多鲜明的特点，包括学费低、时间安排灵活、学分可转换成大学学分。因此，社区学院为当地居民提供了第二次学习、技能培训和更新技能的机会。

美国马里兰州的蒙哥马利学院（Montgomery College）是一个很好的例子。该学院成立于1946年，是全美最好的社区学院之一。它提供了多种类型的课程，包括针对新移民的语言课程、受雇主委托的培训以及数以百计的与本地经济相关的工作技能培训。该学院学生不仅有适龄学生，还有成人学生。依据2008财政年度的数据，有24452名学生在该学院就读；其中38.5%是全职学生，61.5%是兼职学生。学生的平均年龄是26岁，其中42.2%的学生在20岁以下，35.4%的学生在21—29岁之间，22.4%的学生在30岁以上。许多学生能够从社区学院转入四年制大学，例如，在2009年财政年度，有5135名学生转入到四年制的大学。

**专栏5　美国社区学院的一个新趋势**

近年来，在美国的社区学院出现了一股逆潮流：那些成功地完成了四年大学教育的毕业生正进入社区学院更新并学习市场需要的技能。2000年，这一群体的学生占到社区学院学生总数的16%。他们的特点包括：（1）兼职学习，选修一门或几门课程；（2）具体专业选在技术和职业领域，诸如计算机、律师助理、商业、会计、物理治疗、工程相关学科、室内装潢和电子工程；（3）寻求更好的职业机遇。四年制大学的毕业生回到社区学院就读的原因有：寻找新的职业（占56%）、获取发展第二职业增加收入所需的技能、更新职业和技能、丰富个人以及探索不同课程以确定职业生涯等。

来源：Quinley & Quinley，2000。

中等收入国家可仿效美国、加拿大和英国，把学院或社区学院建成教育体系中最灵活的部分，使其能够满足人们对包括大学文凭、技能更新、职业变换等的需求。中等教育入学率低的低收入国家可以考虑将现有的只招收初中毕业生的职业技术和培训机构，建成教育体系中最具灵活性的部分，为人们提供就业所需的技能。印度就是一个例子。20 世纪 50 年代，印度政府设立了工业培训学院（Industrial Training Institutes，简称 ITIs）来满足本国科技和经济增长对技能的需求。随后，私立的 ITIs 在 20 世纪 80 年代如雨后春笋般出现，使学院总数达到了 8014 所（其中 2133 所是公立，5881 所是私立）。今天，ITIs 针对来自贫困家庭和弱势群体的学生，为其在正规和非正规部门就业提供了灵活的技能培训项目。工业培训学院：

- 提供从几个月到三年不等的灵活的课程；
- 为不同学习者提供不同的课程，包括学历教育（工程学）和短期证书（如美容），后者为自主创业者设置；
- 接收中学的辍学生和来自贫困家庭渴望学习技能就业的青少年；
- 接收寻求转职或更新技能的成年人。

### （4）建立普通和职业教育之间的灵活通道

吸引学生到职业技术教育和培训的障碍之一是它经常与学生是被“选剩”的概念联系在一起。正如前文提到的，职业技术教育的地位低，被认为没有出路。在许多国家，职业技术教育和培训仍然给人“低人一等”的印象。解决这一问题的根本在于打破学生的“分流”，取而代之的是在普通教育和职业教育之间建立多种进出渠道。一些发达国家，包括美国、新加坡和一些欧洲国家，已经用这种方法有效地解决了这个问题。

例如，在美国，由于高中和社区学院的结构很灵活，普通教育课程和职业教育课程之间的连接很明显。大约十几年前，传统的高中职业技术课程由于形象差和地位低被淘汰，而后创立了名为“职业科技/技术教育”（Career Technological/Technical Education，简称 CTE）的新课程。例如，1995 年，马里兰州决定建立职业科技教育为学生就业和继续接受教育做准备。该课程培养学生的学科、技术和工作技能。学生可以在高中阶段选修职业科技教育课程，所修学分可以作为高中毕业学分的一部分。参与职业科技教育课程的学生，可以选择继续进入高等教育机构或者立即就业。职业科技教育被看作技能水平升级的标志；它也消除了将参与职业科技教育课程的学生视为被普通教育“选剩”下来的偏见（Oliver，2005）。

新加坡的职业技术教育和培训模式不同于美国，但在本国环境中运行良好。首先，政府通过设立技术教育学院（Institute of Technical Education，简称ITE）来打造“技术教育”品牌。技术教育学院招收成绩最低的25%的高中学生。其次，借助媒体宣传和政府对ITE的支持，政府一直努力提高技术教育在公众中的形象。最后，ITE为学生进入更高层次的教育机构敞开了大门。

在欧洲，现今的发展趋势是在终身学习体系下认可各种类型的学习和经验，包括正规的、非正规的和非正式的学习，职业技术教育和培训以及工作经验。欧盟（EU）相应地开发了欧洲资格证书框架（European Qualifications Framework，简称EQF）。欧洲资格证书框架确定了从初级到高级八个级别的技能，借此将人的学习和工作经验联系在一起。它注重的是学习者学到了什么，而不是在何处学；它有助于消除普通教育和职业技术教育之间的差别，帮助雇主识别技能并促进工人的可流动性。

**专栏6　欧洲资格证书框架**

欧洲的资格证书框架（EQF）起到了翻译媒介的作用，它使各国的资格证书在整个欧洲都可读懂。它具有下列几个特点：

• EQF是由八级可参照的标准组成的，它表述的是一个人知道什么、掌握什么以及能够做什么，统称为“学习成果”；

• 国家的资格等级证书将会被EQF从初级的第一级到高级的第八级参照标准所取代；

• EQF适用于所有类型的教育、培训和资格证书，包括从学校教育到学术、专业和职业培训；

• 它通过认可非正规和非正式学习来鼓励终身学习；

• 它促进工人的可流动性。

来源：EQF网站，EC，Brussells，http：//ec. europa. eu/education/lifelong-learning-policy/doc44_ en. htm（2010年12月）。

这一趋势对中低收入国家具有一定启示。对于后基础教育发达的中等收入国家而言，关注的重点应当从选拔性转移到全纳性的中等教育上来，并开发终身学习体系，使人们有机会开发并不断更新自己的技能。对于低收入国家来说，关键是要在普通教育和职业技术教育体系之间发展出顺利的通道，为继续学习和就业敞开大门；而这两种教育都应当为终身学习奠定基础。

### 2. 提高促进生产力和改善生活的技能

有效的国家战略能够明确对技能的需求，并确立未来教育的目标。英国就是一个例子。2006 年，为了在 2020 年最大限度地实现经济增长、发展生产力和维护社会公正，英国政府发布了《里奇评论》（Leitch Review），并以此确定了英国的最佳“技能配置”。为了实现在 2020 年处于世界技能领先地位的目标，英国政府提高了具体的标准，包括功能识字率和计算能力（分别从 2005 年的 85% 和 79% 提高到 2020 年的 95%），至少获得 2 级资格证书的成年人的比例（超过 90%）①，和获得高等教育学历的成年人的比例（从 2005 年的 29% 提高到 2020 年的 40%）。

新标准的目标是将生产力和就业率分别增加 15% 和 10%。预计要实现这些目标，需要雇主、工会、学校、学院、大学、培训机构和个人一起努力，打破机会壁垒，让每个人都有最好的机会实现自我、发挥潜力（United Kingdom，2007）。

#### （1）培养为今天和未来所需要的能力和技能

在任何社会，无论中等收入还是低收入、快速增长还是慢速增长，青年人都需要具备为经济发展做贡献和成为良好公民的能力。没有经济方面的知识和技能，青年人将会被排除在经济体系之外，缺乏在社会中生存和获得成

① 2 级资格证书所指的能力包括在广泛的工作范围内和不同的环境中应用知识的能力。一些工作是复杂的、非常规的；另一些工作涉及个人责任和独立性。这些工作通常需要通过小组或团队与他人合作。

功的必要条件（Hargreaves，2003）。同样，没有公民所需的能力，青年人不可能成为有责任感的公民并帮助建立和谐社会。教育的主要目的之一是保证并赋予任何年龄的人参与社会（本地和全球的）的权利，并有效地促进可持续发展和社会和谐。在全球化和竞争力的背景下，了解不同文化和信仰、宽容对待差异、尊重他人、能够独立工作或与团队合作，并成为有责任感的公民，这些对于青年人至关重要。

对于许多低收入国家而言，不论是快速还是慢速发展，重要的是要打下坚实的基本技能和能力基础，无论是为了经济发展还是为了公民责任。例如，非洲国家正面临着在数量和质量方面加强数学和自然科学教育的挑战，当务之急是尽早地引入这些学科——从小学一直到大学，以便为国民经济培养科学和工程技术人才。

中等收入国家的教育质量相对较高，他们面临的挑战是为未来培养合适的技能。例如，哈佛大学的加德纳（Gardner，2006）认为，“目前的正规教育基本上是为过去培养学生，而不是为未来的世界培养学生”。他提出了“面向未来的五种思维”：

①学科思维：至少掌握一种思考方式——形成独特的以特定学科领域、工艺或专业为特点的认知模式。

②综合思维：从不同的渠道收集信息，客观地理解和评价这些信息，并将它们变成对他人有意义的信息。

③创新思维：开辟新领域，阐明新思路，提出不寻常的问题，激发新的思考方式，得出出人意料的结论。

④尊重思维：注意并欢迎不同个体和群体之间的差异，尝试理解“他人”，并寻求与之有效地协同工作。

⑤道德思维：将个人的工作性质以及个人所处的社会的需求和愿望联系起来（Gardner，2006）。

尽管加德纳认为一个人缺乏任何一种“思维”都是危险的，但很难通过大众教育传播所有的思维。即使可以通过学校，家庭和社区的合作培养学科思维、尊重思维和道德思维，却很难在大多数人中培养综合思维和创新思维，这是因为人的能力是有差异的。此外，要培养青年人的综合思维和创新思维，教育体系必须克服过分强调机械记忆和考试等问题，因为这些特征在很多情况下并不是学校课程的目的，教师可能也没有接受过这样的培训。

### （2）注重教师和“软能力”

在当今这个知识和信息的时代，人们期待教师成为变革的先锋和培养具备建设21世纪能力的年青一代的催化剂。为了培养未来的人才，教师必须明确自身的使命，并胜任培养学生能力和技能的任务。哈格里夫斯（Hargreaves，2003）指出，在知识社会中，教师必须建立一套全新的专业水准，使他们能够：

- 推进深入的认知学习；
- 学习那些自己没有被教授过的教学方式；
- 致力于持续的专业学习；
- 和同行在团队中一起工作和学习；
- 把家长作为学习上的合作伙伴；
- 开发和利用集体智慧；
- 培养适应变化和冒险的能力；
- 在过程中培养信任。

为适应知识社会与劳动力市场而教和为考试而教，两者有着本质区别。以知识社会和劳动力市场为最终目标的教学，即培养学生的终身技能（包括学习的技能），教师必须把重点放在学生最应该学什么和怎样才能学好上，而不是为考试而教。在以团队合作与信息交流占主导的经济中，高风险的考试是极其有害的。当教师把精力放在达标和考试上时，他们就没有时间或精力来发展自我或关注学生的学业和技能（Hargreaves，2003）。

**专栏7　美国波士顿地区的两个创新课程**

1985年，美国哈佛大学医学院引入了“新途径”（New Pathway，简称NP）作为临床实习前的课程。这一课程是为在快速变化、依赖科技的现代医学中培养学生应对变化的能力而设计的。它有这样几个特点：①小规模、高强度的互动辅导学习单元；②通过小组调查和分析真实病人案例的问题学习法；③重视医患关系，把现代医疗实践置于社会环境中；④多方位的安排学习议程，使学生通过自己开展图书馆研究和决定自己的研究项目为自身的教育负起责任。该课程的结果显示，“新途径”课程的学生在人道主义方面，无论是在学习期间还是在后来的医疗实践中，都好于传统医学院的学生。

另外一个课程创新的例子来自富兰克林·奥林（Franklin W. Olin）工程学院。为了有效地培养学生为未来做准备，学院为工程学的学生开创了一门独特的课程。该课程的特点是：①将课程和项目结合起来，通过把学科知识运用到解决实际问题当中培养学生的创业、团队合作和沟通能力；②通过开发课外兴趣和教授非技术性的内容促进学生全面地发展；③给学生灵活性和责任制，学生在选择课程决定个人成长道路方面享有很大的灵活性，这样可以培养他们的创造力。学生必须在多个领域展示技能方可毕业，包括沟通交流、定性的理解、定量的分析、团队合作、情境思考、设计和创业思维及行动。

来源：哈佛大学，2004，“新途径医学博士项目”（The New Pathway M. D. Program）网页，哈佛大学医学院，剑桥，马萨诸塞州。http：//ecommons. med. harvard. edu/ec_vqp. asp? Name_ GUID=%7B7D63742B-05F7-4F58-8441-46C8C0BF6A2A%7D（2012年4月）；Peters et al.，2000；Somerville et al.，2005.

为考试而教还是为劳动力市场做准备，对学生来说也有不同的意义。在学校，个人的学习质量只会影响本人的成绩，但是在工作场所，一个人的错误会影响到其他人（Houghton & Proscio，2001）。为知识社会而教，应开发出一套有效的从幼儿园到大学的游戏和课程来传授“软能力”，从而鼓励团队合作和沟通交流。这是因为在这些活动中，学生的成绩并不取决于个人而是小组合作。

以考试为目的还是以培养21世纪的技能为目的？这两种教育目标的不同意味着教师必须探索新的教学方法。由于没有人在教授“软能力”方面有足够的知识，因此有必要同其他教师一起学习和探索。中国素来有利用教学研究体系作为质量保证机制的传统。该体系包括教研组活动，讲授相同科目的教师每周一起备课、讨论教案并解决问题。当问题无法解决时，教师会把问题上报到上一级的教研部门进一步咨询、讨论和解决（Wang，2005）。

美国社区学院的劳动力开发（Workforce Development）课程展示了教授“软能力”的有效方法，包括把“软能力”的培训融入到课程的每一个要素中。这种培训包括体验工作中可能出现的社会交往，比如面试技巧、与团队成员和管理者谈判、提出工作任务并建立团队来完成任务、把学生放在雇主的职位上体验雇主的需求和做出指示的压力、制订工作场所各方面的纪律，以及给予学生接触成功人士的机会来克服恐惧和疏离感（Houghton & Proscio，2001）。

### （3）将技能的供给和需求联系起来

在瞬息万变的经济中有效地培养学生所需的技能至少需要具备两个条件：一是能够快速回应劳动力市场需求的教育体系；二是将劳动力市场的信号传递到供给方——教育领域——的机制。一般来说，传统的四年制大学主要培养高级专业人才，比如工程师和医生。普遍认为传统的四年制大学并不能有效地培养就业市场所需的中等水平的劳动力，而就业市场对该群体的需求量很大。在这种情况下，20世纪中期创建了许多短期职业教育机构，如两年制的社区学院、理工学院或高级技术学院，以快速回应工业部门的需求（Mazeran，2007）。

两年制的技术学院或社区学院特别适合快速增长的中等收入国家的经济需求，因为这些经济所产生的大量的新工作都需要有技能的人才。作为满足劳动力市场需要的应急措施，两年制学院在发展中国家受到普遍欢迎。在突尼斯，政府战略性地选择了短期培训来支持经济发展。高等技术教育学院（Higher Institutes of Technological Education，简称ISETs）自1995年设立后得到了快速发展。由初期2000名学生增加到后来的30000人。该学院教授工艺技能和教学技巧，培训时间为两年半，到2003年，82%的毕业生在劳动力市场上成功就业，9%的毕业生选择了继续升学（Dhouib，2005）。美国的社区学院近年来又增加了绿色经济就业的证书课程，涉及范围从风能技术人员到太阳能电池的设计者，再到能源审计师，以回应快速变化的就业市场的需求（Kimes，2009）。

在发展中国家，与四年制大学相比，雇主更加青睐两年制学院。在20世纪90年代东亚金融危机中，雇主更倾向解雇传统大学的毕业生，而不是那些接受过很多职业培训的员工。在马来西亚，高等职业教育学院的毕业生比传统大学的毕业生有更好的就业机会（Salmi，2005）。

培养适合市场需求的技能要有行业的参与。英国于2008年成立了就业和技能委员会（Commission for Employment and Skills），其目的是加强雇主在教育中的声音、减少技能的差距和不足、实现当前就业和技能培养体系所能达到的最佳效果。通过这一创意，政府资助了25个行业技能委员会（Sector Skills Councils，简称SSCs），覆盖了90%的劳动人口从事的行业。行业技能委员会希望实现的四个主要目标如下：

- 减少技能差距和不足；
- 提高生产力，提高商业和公共服务业的绩效；
- 增加每个人在特定行业发挥技能和提高生产力的机会；
- 通过学徒制、高等教育和国家职业标准来增进学习。①

行业技能委员会支持学校、学院和大学设计课程、保持课程的相关性以及颁发资格证书。这些委员会有助于雇主对职员培训和发展的承诺及投资。

### 3. 加强学校与工作的联系以促进就业

从学校到工作的过渡受教育部门、劳动力市场和企业部门的共同影响。教育者注重就业率或失业率与受教育程度的关系。劳动经济学家大多关注宏

① 英国就业和技能委员会，南约克郡，英国，http：//www.ukces.org.uk/sector-skills-councils/about-sscs/ssc-goals/（2010年12月）。

观经济的稳定性、投资环境、工作机会和积极的劳动力市场政策。企业部门关注证书和资格。事实上，从学校到工作的过渡是一个复杂的问题。一个人的就业取决于综合因素，包括就业机会、工资、劳动力市场规则、相关的教育和技能、资格、家庭背景、工作经验、职业信息和个人选择等。这些因素意味着教育的干预是必要的，但并不足以实现就业。制订并实施一个综合的涉及政府、教育部门和雇主的全方位战略会更为有效。

### （1）政府和企业合作伙伴关系

雇主可通过提供工作经验和最终就业在学生从学校到工作的过渡中发挥重要作用，特别是在快速增长的经济中更是如此。一些政府已经尝试鼓励雇主为青年人提供工作经验、学徒培训和就业机会。表7中所概括的合作伙伴关系和激励机制在低、中收入国家以及正规和非正规部门都是可行的。在经济转型和中等收入国家，政府拥有充足的资源并拥有庞大的正规经济部门，引导企业参与这些服务是有帮助的。在许多以非正规部门为主导的低收入国家，政府和企业的合作可能有效，但由于企业规模较小，这种方式很难管理。

**表7　不同国家或地区支持青年向工作过渡的服务措施**

| 国家或地区 | 服务和支持 |
| --- | --- |
| 英国 | 政府为18—24岁的青年人提供为期至少6个月的求职服务，包括职业指导咨询、基础教育、技能培训和工作经验。为企业提供工作安置补贴并进行跟踪服务。 |
| 加拿大 | 政府部门及机构同雇主、工人组织和民间组织一起合作提供工作经验、学习和技能建设的机会、初级和高级的就业技能服务以及协助寻找与职业相关的暑期工作。雇主可得到所安置员工的工资补贴。 |
| 智利 | 国家培训和就业服务中心负责组织协调为低收入家庭和在社会经济融合方面有困难的青年人增加就业机会的项目。企业承担辅导任务，提供企业内工作经验，以保证培训更好地适应当地劳动力市场需求。 |

续表

| 国家或地区 | 服务和支持 |
| --- | --- |
| 法国 | 1997—2003 年的新服务、新工作计划为与青年人签订劳动合同的雇主提供每人每个岗位相当于最低工资 80% 的工资补贴，为期 5 年。这些企业选派导师为青年人提供指导和支持。 |
| 韩国 | 韩国的“青年工作经验项目”是为提供工作经验和就业支持体系而建立的。通过该项目，学院学生作为实习生受雇于公立和私立机构，获得实际经验，并帮助他们做出对未来职业的选择。雇用青年人作为实习生的企业可以获得三个月的工资补贴，聘用实习生作为正式员工的企业可以再获得三个月的补贴。 |
| 中国香港 | “青年职前培训项目”为 15—19 岁的辍学生提供人际交往能力培训，包括领导能力、自律、团队建设、计算机基本技能和职业技能。该项目与有补贴的在职培训结合起来以增加就业机会。雇主受政府委托指派导师全程指导受训者，并为此得到补贴。 |

来源：作者摘选自 2005 年国际劳工大会第 93 届会议的报告《青年：通往体面工作途径》，5 月 31 日—6 月 16 日，国际劳工组织，日内瓦。

### （2）鼓励当地企业参与技能开发和职业选择

无论学生完成哪一级教育，大多数毕业生都会在本地就业。因此，要减轻从学校到工作过渡的压力，鼓励当地企业参与以提高教育的相关性和就业选择是非常重要的。这在职业技术教育和培训方面尤其如此，因为它的成本相对较高，并且它的唯一成果是与所提供的培训有关的有报酬的就业。劳动力开发和雇主的紧密联系是职业技术教育和培训的关键。在很多亚洲国家，包括韩国、中国、新加坡和马来西亚，职业技术教育和培训在国家人力发展战略中被认为是一笔财富。对于那些普通教育中包含职业技术教育成分并以帮助学生就业为目的的课程来说，雇主的参与同样重要。前文中提及的美国马里兰州的职业科技教育项目就是这样一个为学生提供继续教育或就业选择的教育项目。

**专栏 8 美国马里兰州的职业科技教育项目**

目前，马里兰州有50%的高中生注册了职业科技教育（Career Technology Education，简称CTE）项目。学生在普通高中上半天的课程，另加2—3小时的CTE课程。后者通过提供广泛的职业机会，帮助学生规划和探求未来接受高一级教育和职业发展的途径。当学生在特定的职业领域应用学术知识并发展技能的同时，他们可以获取大专的学分和企业承认的证书。

这一项目的重要特征之一是，马里兰州的教育局与数百家本州商业和行业伙伴紧密合作，共同创立了“职业集群框架”（Career Cluster Framework，简称CCF）。职业集群框架根据核心商业功能规划职业途径。职业途径又指导教学计划的制订，从而为学生准备了全方位的就业机会。CTE项目采取积极主动的做法满足企业对劳动力的需求，由此使工商业领导成为教育的合作伙伴，确保了马里兰州能够吸引并留住工商企业，并且拥有高质量的劳动力。

来源：Oliver，2005。

新加坡南洋理工学院与当地企业间的合作伙伴关系值得关注。它的特点是合作关系促成了由雇主代表和来自不同企业的教师组成的董事会，这些合作也给学校带来最新的设备捐赠。通过伙伴关系的建立，企业的员工帮助学院做项目，学院反过来帮助企业发展商业化生产过程。与此同时，理工学院的教师参与企业同行进行的创新、技术和产品开发。这一伙伴关系也培养出了当地企业尤其是新兴工业所急需的毕业生（Pillay，2005）。

使企业参与职业教育和培训并鼓励企业为学生提供工作经验是帮助学生未来就业的关键。然而，与企业的合作伙伴关系并非自然形成。政府的干预和激励机制是使企业成为培训伙伴的关键。例如，在法国的图卢兹，所有的雇主或者公司需将相当于职工工资3%的税收支出用于学徒培训，使企业担负起参与技能培训的责任。

为了使学校的课程与雇主的需求相衔接，肯尼亚建立了一个良好的合作机制使企业代表参与肯尼亚教育学院的项目委员会。合作双方共同决定职业教育所教授的内容，负责教学的企业代表在该学院董事会中占有一席之地（Atchoarena & Delluc，2002）。

### （3）提供职业信息和指导

随着就业选择的扩大，职业信息、咨询和指导对发展中国家变得日益重要。格拉布（Grubb，2002）指出，职业信息和指导在很多国家的目的是：①根据学生的天性，帮助他们选择适当的职业；②协助个人在众多选择中做正确决定；③提供再培训和提高教育层次所需的必要信息，将职业信息和指导的需求扩展到整个人生历程。信息和指导体系对于各种类型的国家都适用。政府、学校、家长和个人都可发挥作用。

政府的作用：由于市场的不公平性，最贫困的人群缺乏获取信息的途径，所以他们对职业信息和指导的需求最大，因此公共部门的参与是必要的（Grubb，2002）。公共部门能够借助互联网和学校建立职业信息网络，提供有关劳动力市场所需技能的信息。尽管职业指导和信息服务在教育领域很薄弱，许多国家的劳动部门都有公共就业服务。例如，美国劳工部在全国各地的指定地点建立了1000所一站式职业中心（One-stop Career Centers）。尽管如此，教育工作者和学校很少了解这些中心所传播的信息。

学校的作用：学校在职业咨询方面发挥着独特的作用。通过设立并强调职业顾问的作用，学校可以帮助学生了解相关信息并做出明智选择。格拉布（Grubb，2006）列出了学校可以在连接职业教育和培训与工作中发挥的几个作用：

- 为学生提供信息并使其承担起建立与雇主联系的责任。通过提供与职业相关的信息和指导，帮助学生决定从事哪类职业和选择哪些课程为他们的未来职业做准备。
- 创立允许职业教育和培训项目同雇主直接合作的机制。职业教育和培训的提供者与雇主应当在制订职教课程内容、确定受训学生数量、开发评估方法和颁发资格证书等方面合作。
- 提供资格和证书所需的技能。学校可以为学生提供技能，这些技能最终使学生获得资格和证书。

民营部门的作用：总的来说，民营部门，包括非政府组织（NGOs），可以快速地提供政府无法履行的服务。例如，在许多国家，民营部门出版有关职业手册和职业信息指南的书籍（OECD，2004）。在南非，20 世纪 80 年代后期和 90 年代初期，出现了一些非政府组织提供职业指导。这些组织发展成为全国性的非政府组织来提供服务。虽然来自国际、企业和其他方面的关注日益增多而削弱了非政府组织的作用，但是他们的政策已被纳入到政府的政策之中。

家长、雇主和个人的作用：父母可以影响青少年对就业或升学的选择。因此，为家长提供相关的知识和信息，确保他们起到支持者而非控制者的作用变得很重要。另一方面，雇主可以借助学校项目或者工作场所为青少年提供工作经验，从而增加他们的就业机会（OECD，2004）。此外，学校和工作之间的联系也部分地取决于个人，因为何时进入劳动力市场、喜欢什么工作以及具有哪个领域的专长由个人决定。个人需要抓住终身学习的机会并利用自身优势来应对技能的短缺，抓住每一次培训、技能升级和再培训以及使自己能够灵活地应对雇主和积极寻找职业的发展机会。

# 四、结论

在快速变化的世界中，一个国家的发展和竞争力取决于有技能的劳动力，而教育在其中发挥着至关重要的作用。教育的灵活性、技能开发和就业能力这三个支柱是实现人力资源最大化必不可少的因素。为了提高效率，教育体系必须从僵硬的、以规章制度为中心的组织结构向开放的、灵活的、以学习者为中心的方向转变，为人们在人生中的任何阶段提供发展潜力的机会，为学生传授当今和未来世界所需要的技能，并有效地帮助学生完成从学校到工作的过渡。

### 1. 灵活性

传统的选拔性的、以学位为导向的正规教育和培训模式已经不能应对快速变化的世界对技能劳动力的需求。要实现国家的繁荣，所有的公民——包括青少年和成年人——需要开发自身在学习和技能发展方面的潜力。成功的教育体系应当帮助人们实现继续教育和就业的需求，而后者是多数教育体系中最薄弱的环节。

虽然整个教育体系需要变得灵活，但是各国也可考虑通过使教育体系中某一部分变得更具灵活性，使各年龄段的人都有机会接受教育、技能培训和再培训。对中等收入国家而言，两年制的社区学院可以成为教育体系中最灵活的部分；对低收入国家而言，中等职业技术教育和培训可以成为教育体系中最灵活的部分，从而为人们提供第二次教育以及多种长期和短期的技能培训，以满足国民经济发展的需要。

### 2. 技能开发

对技能和能力的需求随着时间的变化而变化。过时的学习内容已无法有效地促进就业。为适应当今和未来社会对人力资源的需求，需要开发一套包括基本技能、新技能和软技能的课程，并将其融入学校的课程当中。教师在培养学生技能方面具有重要作用，但教师通常没有接受过如何传授软能力的培训。强调培养新技能，诸如团队合作、沟通交流和领导能力，应该成为教师考核和评估的一部分。如果不改变评估体系，技能的发展只是一句空话。培养相关技能不能仅依靠教育部门，教育体系需要企业和雇主的大量参与，包括确认技能差距和提供雇主需要的培训。

### 3. 就业能力

就业市场并非仅受人力资源供给方的影响，也取决于劳动市场和雇主。因此，政策制定者需要了解教育体系和劳动力市场如何互动，以帮助学生做好就业准备。教育和劳动力市场代表了截然不同的两极。教育往往僵化与保守，而劳动力市场则易变而不可预测。二者之间有效结合的关键在于各自的变化。旧的计划模式和学徒制必须适应劳动力市场的变化，即使成功的模式也需要调整以适应当前的变化。

劳动市场的因素也同样重要。如果没有经济增长和积极的劳动力市场政策为前提，国民经济便无法吸收优质的人力资源，从而导致失业。不仅如此，信息流通和职业指导也很重要，尤其对于弱势群体而言，因为与富人相比他们的社交网络和关系网非常有限。此外，仍需要强调学习者自身的角色定位。为保证就业，他们需要使自身的期望更现实，用市场所需的技能装备自己，开发自我学习的能力，这样才能使自己成为雇主所需要的人才。

由于各国的劳动力市场和教育体系存在差异，当前迫切需要了解在发展中国家二者之间的联系。在经合组织国家中，有关中等教育、职业教育和高等教育的学生入学、升学及结业的信息非常丰富，然而这些信息在发展中国家却极有限或者根本不可得。同样，在低收入国家很难得到有关就业市场所需要的技能和能力以及这些技能与就业的关系等方面的信息，尤其是在非正规部门，这方面的信息更缺乏。此外，关于从学校到工作的过渡方面的数据也十分有限：比如说，如果职业教育设计和实施得好，能够传授有关的技能，那么这样的教育是否会比普通中等教育对经济增长的贡献更大？现在还没有足够的数据来回答这个问题。更多的分析和国家案例研究将有助于在这个领域内为发展中国家提供以实证为基础的政策建议。

# 参考文献

Adams, Arvil V. 2007. "The Role of Youth Skills Development in the Transition to Work: A Global Review." Working Paper 40644. Human Development Children and Youth Department, World Bank, Washington, DC.

Amer, Mona. 2007. "Transition from Education to Work: Egypt Country Report." European Training Foundation, Turin, Italy.

Assaad, Ragui. 2007. "Unemployment and Youth Insertion in the Labor Market in Egypt." ECES Working Paper 118. ECES (Egyptian Center for Economic Studies), Cairo. (Presentation originally made at ECES conference in Cairo, Egypt, November 21 - 22, 2006.)

Assaad, Ragui, and Ghada Barsoum. 2007. "Youth Exclusion in Egypt: In Search of 'Second Chances'." Middle East Youth Initiative, Wolfensohn Center for Development, Brookings Institution, Washington, DC.

Atchoarena, David, and André Delluc. 2002. *Revisting Technical and Vocational Education in Sub-Saharan Africa: An Update on Trends, Innovations, and Challenges.* Geneva: UNESCO.

Azam, Mehtabul, Alimee Chin, and Nishith Prakash. 2010. "The Return to English - Language Skills in India." Working Paper. World Bank, Washington, DC.

Bacchetta, Marc, Ernst Ekkehard, and Juana P. Bustamante 2009. *Globalization and Informal Jobs in Developing Countries.* Geneva: WTO and ILO.

Bailey, Thomas. R. 2003. "Community Colleges in the 21st Century: Challenges and Opportunities." Community College/Cluster Connections. CCRC (Community College Research Center) Brief 15. CCRC, Teachers College, Columbia University, New York.

Barro, Robert J., and Jong Wha Lee. 2000. "International Data on Education Attainment: Updates and Implications." CID Working Paper 42. Center for International Development, Harvard University, Cambridge, MA.

Blomquist, John. 2007. "Youth Employment in MENA: Challenges and Ways Forward." Presentation made at the World Bank seminar, "Stimulating Youth Employment in MENA," Washington, DC, December 5.

Briseid, Ole, and Francoise Caillods. 2004. *Trends in Secondary Education in Industrialized Countries: Are They Relevant for African Countries?* Paris: UNESCO International Institute for Educational Planning.

Cheng, Kai-ming. 2007. "Education, But for What? Challenges from the Workplace." Presentation made at World Bank Institute course, "Education for Development and Competitiveness: Challenges and Opportunities for Post-Basic Education," Washington DC, May 14—25.

Daily Star. 2007. Employment Section. Dhaka, Bangladesh. September 27.

Deissinger, Thomas, and Silke Hellwig. 2005. "Apprenticeship in Germany: Modernizing the Dual System." *Education + Training* [Emerald Group Publishing Limited], 47 (4/5): 312 - 24.

Denison, Edward, F. 1962. "The Sources of Economic Growth in the United States and the Alternatives before Us." Supplementary Paper 13. Committee for Economic Development, New York.

Denison, Edward, F., assisted by Jean-Pierre Pouillier. 1967. *Why Growth Rates Differ: Post-War Experience in Nine Western Countries.* Washington, DC: Brookings Institution.

Dhouib, Ahmed. 2005. "The Tunisian Experience." Presentation made at the CIEP (Centre International d'Études Pédagogiques) international conference, "Short-Term Vocational Higher Education: Challenges and Opportunities in the Context of Technological Change and Globalization," Paris, June 6—8.

di Gropello, E., with H. Tan and P. Tandon. 2010. *Skills for the Labor Market in the Philippines.* Washington, DC: World Bank.

Drucker, Peter. 2001. "The Next Society." *The Economist.* November 3.

Edstats (database). World Bank, Washington, DC. http://www.worldbank.org/education/edstats.

Ertl, Hubert, and Peter F. E. Sloane. 2004a. "A Comparison of VET Structures in Germany and England: Contexts of Complex Teaching-Learning Arrangements." In *New Approaches to Vocational Education in Europe: The Construction of Complex Learning-Teaching Arrangements*, Oxford Studies in Comparative Education, ed. Regina H. Mulderand Peter F. E. Sloane, 13 - 25 (Oxford, UK: Symposium Books).

———. 2004b. "The German Training System and the World of Work: The Transfer Potential of the Lernfeldkonzept." *bwp@* [online magazine, University of Hamburg, Germany], No. 7 (December). http://www.bwpat.de/7eu/.

Ezzine, Mourad. 2007. "Skills Supply and Demand in the Middle East and North Africa." Presentation made at the World Bank seminar, "Stimulating Youth Employment in MENA," Washington, DC, December 5.

Fasih, Tazeen. 2008. *Linking Education Policy to Labor Market Outcomes.* Washington, DC: World Bank.

Friedman, Thomas, L. 2005. *The World is Flat: A Brief History of the Twenty-First Century.* New York: Farrar, Straus, and Giroux.

Gardner, Howard. 2006. *Five Minds for the Future.* Boston: Harvard Business School Press.

Global Development Indicators (database). World Bank, Washington, DC. http://data.worldbank.org/data-catalog.

Grubb, W. Norton. 2002. "An Occupation in Harmony: The Role of Markets and Governments in Career Information and Career Guidance." Paper prepared for an OECD review of policies for information, guidance, and counseling services. OECD, Paris.

———. 2006. "Vocational Education and Training: Issues for a Thematic Review." Issues paper prepared for an OECD meeting of experts, Paris, France, November 9 - 10.

Grubb, Norton, and Marvin Lazerson. 2004. *The Education Gospel: The Economic Power of Schooling.* Cambridge and London: Harvard University Press.

*Gulf News.* 2007. "BAC Middle EAST Executive Recruitment." September 27.

Hanushek, Eric A., and Ludger Wößmann. 2007. "Education Quality and Economic Growth." World Bank, Washington, DC.

Hargreaves, Andy. 2003. *Teaching in the Knowledge Society: Education in the Age of Insecurity.* New York and London: Teachers College Press, Columbia University.

Houghton, Ted, and Tony Proscio. 2001. "Hard Work on Soft Skills: Creating a 'Culture of Work' in Workforce Development." Public/Private Ventures, New York.

Hujo, Katja, and Nicola Piper. 2007. "South-South Migration: Challenges for Development and Social Policy." *Development* [Society for International Development] 50 (4): 19 -25.

ILO (International Labour Organization). 2005. "Youth: Pathways to Decent Work Report." Report prepared for ILO Conference, 93rd Session, Geneva.

———. 2006. "Global Employment Trends." *ILO Brief* (January). ILO, Geneva.

———. 2007a. *Key Indicators of the Labor Market.* 5th ed. Geneva: ILO.

———. 2007b. "Portability of Skills." GB. 298/ESP/3, 298th session. Committee on Employment and Social Policy, ILO, Geneva.

IMF (International Monetary Fund). 2007. World Economic Outlook 2007. Washington, DC: IMF.

Jarvie, Wendy. 2005. "Australia's Vocational Education and Training System and its Links with Secondary Education." Presentation at the conference, "Growth Strategies for Secondary Education in Asia," Kuala Lumpur, Indonesia, September 19.

Johanson, Richard K., and Avril V. Adams. 2004. *Skills Development in Sub-Saharan Africa.* World Bank Regional and Sectoral Studies. Washington, DC: World Bank.

Khang, Hyun-Sung. 2009. "Surviving the Third Wave." *Finance & Development* [IMF] 46 (4).

Kim, Gwang-Jo. 2007. "Education and Development: The Case of South Korea." Presentation made at World Bank Institute course, "Education for Development and Competitiveness: Challenges and Opportunities for Post-Basic Education," Washington, DC, May 14 - 25.

Kimes, Mina. 2009. "Get a Green Job in Two Years." *Fortune*, November.

Lauglo, Jon, and Rupert Maclean. 2005. *Vocationalisation of Secondary Education Revisited.* Technical and Vocational Education and Training Series. Dordrecht, The Netherlands: Springer.

Levy, Frank, and Richard J. Murnane. 2004. *The New Division of Labor: How Computers Are Creating the Next Job Market.* Princeton, NJ: Princeton University Press and Russell Sage Foundation.

———. 2005. "How Computerized Work and Globalization Shape Human Skill Demands." Paper prepared for the "First International Conference on Globalization and Learning," Stockholm, March 17 - 18.

*Liberation.* 2007. Employment Section. March 19.

Manpower Inc. 2006. "Now/Next; A Manpower Report: The Changing World of Work." Manpower Inc., Milwaukee, WI.

———. 2010a. "Supply/Demand: 2010 Talent Shortage Survey Results." Manpower Inc., Milwaukee, WI.

———. 2010b. "Fresh Perspectives: Teachable Fit: A New Approach for Easing the Talent Mismatch." Manpower Inc., Milwaukee, WI.

Mazeran, Jacques, with William Experton, Christian Forestier, André Guaron, Serge Goursaud, Albert Prévos, Jamil Salmi, and Frances Steier. 2007. *Short-Term Vocational Higher Education: A Global Challenge in Education.* Paris: Hachette Education.

McGregor, Richard. 2006. "Up to the Job? How India and China Risk Being Stifled by a Skilled Squeeze-Employment—The World's Two Largest Labor Markets are Tightened Much More Rapidly than Expected." *The Financial Times.* July 20.

OECD (Organisation for Economic Co-operation and Development). 2000. *OECD Economic Outlook.* Paris: OECD.

———. 2001. *OECD Education at a Glance.* Paris: OECD.

———. 2004. *Career Guidance and Public Policy: Bridging the Gap.* Paris: OECD.

———. 2005. "The Definition and Selection of Key Competencies: Executive Summary." OECD, Paris.

———. 2007. *PISA 2006: Science Competencies for Tomorrow's World.* Paris: OECD.

Oliver, Katharine M. 2005. "Reform in Maryland: Achievement Matters Most." In Richard Kazis, "Remaking Career and Technical Education for the 21st Century," *Double the Numbers Series*, 38 - 40, Jobs for the Future, Washington, DC.

Peters, Antoinette S., Rachel Greenberger-Rosovsky, Charlotte Crowder, Susan D. Block, and Gordan T. Moore. 2000. "Long-Term Outcomes of the New Pathway Program at Harvard Medical School: A Randomized Controlled Trial." *Academic Medicine*, 75 (5): 470 - 9.

Pillay, Gerald F. 2005. "Technical and Vocational Education Systems of Selected East Asian Countries: Singapore." Paper prepared for the South Asia Region, World Bank, Washington DC. Unpublished.

Psacharopoulos, George, and Harry Anthony Patrinos. 2002. "Returns to Investment in Education: A Future Update." Policy Research Working Paper 2881. World Bank, Washington, DC.

Psacharopoulos, George, and Maureen Woodhall. 1985. *Education for Development: An Analysis of Investment Choices.* New York: Oxford University Press.

Quinley, John. W., and Melissa P. Quinley. 2000. "Four-Year Graduates Attending Community Colleges as Serious Credit Students." Community College/Cluster Connections. CCRC Brief 10. CCRC, Teachers College, Columbia University, New York.

Ratha, Dilip. 2009. "Remittances in Development: A Lifeline to Poor Countries." *Finance & Development* [IMF] 46 (4).

Reimers, Fernando. 2006. "Citizenship, Identity, and Education: Examining the Public Purposes of Schools in an Age of Globalization." *Prospects*, 36 (3): 275 - 94.

Republic of Korea, Ministry of Education and Human Resources Development (MOEHRD). 2008. "Education in Korea, 2007 - 2008." MOEHRD, Seoul.

Riboud, Michelle, Yevgeniya Savchenko, and Hong Tan. 2007. *The Knowledge Economy and Education and Training in South Asia.* Washington, DC: World Bank.

Ruzzi, Betsy Brown. 2005. "International Education Tests: An Overview, 2005." Paper prepared for the New Commission on the Skills of the American Workforce, National Center on Education and the Economy, Washington, DC.

Ryan, Paul. 2001. "The School-to-Work Transition: A Cross-National Perspective." *Journal of Economic Literature*, 34 (March): 34 - 92.

Salmi, Jamil. 2005. "The Role of STVHE in Developing Countries: World Bank Perspective." Presentation made at the CIEP international conference, "Short-Term Vocational Higher Education: Challenges and Opportunities in the Context of Technological Change and Globalization," Paris, June 6 – 8.

Samuelson, Robert. 2006. "How We Dummies Succeed." *Washington Post*, September 6.

Somerville, Mark, D. Anderson, H. Berbeco, J. Bourne, J. Crisman, D. Dabby, H. Donis-Keller, et al. 2005. "The Olin Curriculum: Thinking Toward the Future." *IEEE Transactions on Education* [IEEE, New York, NY], 48 (1): 198 – 205.

Sondergaard, Lars, and Mamta Murthi, with Dina Abu-Ghaida, Christian Bodewig, and Jan Rutkowski. 2012. *Skills, Not Diplomas-Managing for Results in Education Systems in Eastern Europe and Central Asia.* Directions in Development Series. Washington, DC: World Bank.

United Kingdom, Department for Innovation, Universities, and Skills. 2007. "World-Class

Skills: Implementing the Leitch Review of Skills in England." Report presented to Parliament by the Secretary of State for Innovation, University, and Skills by Command of Her Majesty, July 2007, London.

UNDP (United Nations Development Programme). 2009. *Human Development Report 2009: Overcoming Barriers: Human Mobility and Development.* New York: UNDP.

United States, Bureau of Labor Statistics, Department of Labor. 2010. "Number of Jobs Held, Labor Market Activity, and Earnings Growth among Youngest Baby Boomers: Results from a Longitudinal Survey." News Release USD – 10 – 1243, September 10. Department of Labor, Washington, DC.

Wang, Yidan. 2005. "Governance of Basic Education: Service Provision and Quality Assurance in China." World Bank Institute, Washington, DC.

Watts, A. G., and David H. Fretwell. 2004. "Public Policies for Career Development: Case Studies and Emerging Issues for Designing Career Information and Guidance Systems in Developing and Transition Economies." Working Paper 28598. World Bank, Washington, DC.

WBI (World Bank Institute). 2007. *Building Knowledge Economies: Advanced Strategies for Development.* Washington, DC: World Bank.

Whitehouse, Mark. 2009. "Some Firms Struggle to Hire Despite High Unemployment." *The Wall Street Journal*, August 9.

World Bank. 2002. *Constructing Knowledge Societies: New Challenges for Tertiary Education.* Washington, DC: World Bank.

———. 2003. *Lifelong Learning in the Global Knowledge Economy: Challenges for Developing Countries.* Directions in Development Series. Washington, DC: World Bank.

———. 2005. *Expanding Opportunities and Building Competencies for Young People: A New Agenda for Secondary Education.* Directions in Development Series. Washington, DC: World Bank.

———. 2006. *World Development Report 2007: Development and the Next Generation.* Washington, DC: World Bank.

———. 2007a. "Labor Market Vulnerability and the Role of Education." Human Development Network, World Bank, Washington, DC.

———. 2007b. "School and Work: Does the Eastern Caribbean Education System Adequately Prepare Youth for the Global Economy? Skill Challenges in the Caribbean: Phase I Paper. " Report 38555. Latin America and Caribbean Region, World Bank, Washington, DC.

———. 2008. "Skills Development in India: The Vocational Education and Training System." Discussion Paper 22. South Asia Human Development Sector, World Bank, Washington, DC.

———. 2010a. "Education Service Contract Study: Philippines." World Bank, Washington, DC.

———. 2010b. *The Little Data Book* 2010. Washington, DC: World Bank.

———. 2011. "Learning for All: Investing in People's Knowledge and Skills to Promote Development; World Bank Group Education Strategy 2020." World Bank, Washington, DC.

World Development Indicators (database). World Bank, Washington, DC. http://data.worldbank.org/data-catalog.

Wulf, William A. 2005. "The Importance of Foreign-Born Scientists and Engineers to the Security of the United States." Statement before Subcommittee on Immigration, Border Security, and Claims, Committee on the Judiciary, U. S. House of Representatives, at hearing on "Sources and Methods of Foreign Nationals Engaged in Economic and Military Espionage," Washington, DC, September 15.

Wyn, Johanna, Helen Stokes, and Debra Tyler. 2004. "Stepping Stones: TAFE and ACE Program Development for Early School Leavers." Australian National Training Authority, Adelaide.

出 版 人　所广一
责任编辑　刘明堂
版式设计　博祥图文　郝晓红
责任校对　贾静芳
责任印制　曲凤玲

**图书在版编目(CIP)数据**

适应变化中的世界:教育的灵活性、技能开发与就业能力/王一丹著. —北京:教育科学出版社,2013.7
书名原文:Education in a Changing World:Flexibility,Skills,and Employability
ISBN 978-7-5041-7826-8

Ⅰ.①适…　Ⅱ.①王…　Ⅲ.①教育政策—研究　Ⅳ.①G510

中国版本图书馆 CIP 数据核字(2013)第 169279 号

**北京市版权局著作权合同登记　图字 01-2013-3308**

**适应变化中的世界:教育的灵活性、技能开发与就业能力**
SHIYING BIANHUA ZHONG DE SHIJIE JIAOYU DE LINGHUOXING JINENG KAIFA YU JIUYE NENGLI

| | | | |
|---|---|---|---|
| **出版发行** | 教育科学出版社 | | |
| **社　　址** | 北京·朝阳区安慧北里安园甲9号 | **市场部电话** | 010-64989009 |
| **邮　　编** | 100101 | **编辑部电话** | 010-64989419 |
| **传　　真** | 010-64891796 | **网　　址** | http://www.esph.com.cn |
| **经　　销** | 各地新华书店 | | |
| **制　　作** | 北京博祥图文设计中心 | | |
| **印　　刷** | 北京中科印刷有限公司 | **版　　次** | 2013年7月第1版 |
| **开　　本** | 169毫米×239毫米　16开 | **印　　次** | 2013年7月第1次印刷 |
| **印　　张** | 5 | **印　　数** | 1—2000册 |
| **字　　数** | 70千 | **定　　价** | 15.00元 |